GUÉRIR

par la transformation de votre pensée

(How to Use Your Healing Power)

VIIIe édition

OUVRAGES DU MÊME AUTEUR
(même éditeur)

La Magie de la Foi.
Les Miracles de votre esprit.
Renaître, vers l'épanouissement, l'équilibre et le bonheur.
Comment attirer l'argent.
La Prière guérit.
L'énergie cosmique, cette puissance qui est en vous.
Puissance de la méditation.
L'impossible est possible !
La Dynamique du bonheur.
La Paix est en vous.

JOSEPH MURPHY

D.D.-Ph.-L.L.D.

GUÉRIR

par la transformation de votre pensée

32e mille

Traduit de l'anglais par
Dr Mary STERLING

ÉDITIONS DANGLES
18, rue Lavoisier
45800 St-JEAN-DE-BRAYE

La traductrice de cet ouvrage Dr Mary Sterling, docteur en Ontologie et Psychologie, est la Fondatrice Leader du Centre UNITÉ UNIVERSELLE, 22, rue de Douai, Paris IXe – 874-70-89.

UNITÉ UNIVERSELLE publie chaque mois une revue. Dr Mary Sterling reçoit sur rendez-vous. Se renseigner au Centre.

Vous serez les bienvenus à la Salle de Lecture de 14 h à 17 h 30 tous les jours, sauf les samedi et dimanche.

ISSN : 0247 - 882X
ISBN : 2-7033-0053-0

AVANT-PROPOS

La traductrice de cet ouvrage attire l'attention du lecteur, de l'étudiant sincère attaché à découvrir la Vérité, sur la révélation de la Perle de Grand Prix énoncée à la page 111 du chapitre intitulé la *Puissance Curative de l'Action de Grâce* : « Il n'y a qu'une seule puissance et cette puissance c'est notre propre conscience d'être », et page 129 : « La conscience de l'amour est la plus puissante force curative du monde. Le médecin, le prêtre, le rabbin ou le praticien de la Pensée Nouvelle qui possèdent la plus grande mesure d'Amour Divin obtiendront les meilleurs résultats ».

C'est pourquoi *Unité Universelle* insiste sur la nécessité d'étudier et de méditer toujours plus profondément son Exposé de l'Être car nous ne pouvons être, nous ne pouvons avoir que ce que *nous avons conscience d'être et d'avoir*, ce à quoi nous donnons consentement mental. M. S.

Exposé de l'Être : voir page 188.

PRÉFACE

Ce livre est écrit pour répondre à des milliers de requêtes provenant d'étudiants de plusieurs parties du monde. Un de mes cours fait devant le plus large auditoire fut celui qui eut lieu au Wilshire Edell Theatre, à Los Angeles, en Californie, sur les miracles de guérison accomplis par Jésus et ce qu'ils enseignent aux hommes de partout. Ce livre est une étude détaillée sur la signification profonde des guérisons dont le Nouveau Testament nous parle, il a pour but de montrer au lecteur qu'il peut appliquer le Principe de guérison aujourd'hui, tout comme le fit Jésus il y a bientôt deux mille ans.

Les maladies mentales et physiques que relate la Bible sont de tous les temps. On peut voir dans la plupart des hôpitaux les états et les symptômes des maladies qu'elle décrit. Il est vrai, bien entendu, que les mêmes maladies portent aujourd'hui des noms scientifiques dérivés de la terminologie médicale.

A travers le monde aujourd'hui, des hommes et des femmes d'appartenance intellectuelle et spirituelle de toutes sortes s'éveillent aux extraordinaires résultats qui suivent l'application des lois mentales et spirituelles. En médecine, en psychiatrie, en psychologie, et dans les sciences annexes, les preuves abondent sur l'effet destructeur des conflits mentaux et émotionnels, causes de toutes sortes de maladies, et de nombreux articles paraissent sur ce sujet. Ceci annonce la fin de la puissance des cinq sens, du règne de ce que l'on appelle la matière, *et le rétablissement du règne de l'Intelligence Divine et de l'Infinie Présence curative universelle.*

La Bible est le manuel psychologique qui nous enseigne à surmonter tous les problèmes. Elle nous explique comment nous tombons dans l'affliction, puis nous enseigne comment en sortir. La Bible enseigne la science de la vie. La connaissance de la signification des symboles, la science de l'alphabet hébreu et la signification des différents noms contenus dans la Bible constituent la clé de tous ses récits. Vous pourrez trouver la signification des différents noms propres que contient la Bible dans la Concordance Strong ou celle de Young. Il existe beaucoup d'autres ouvrages de références, mais les deux que nous venons de citer sont généralement employés par tous les étudiants de la Bible, par tous ceux qui s'intéressent à sa signification profonde.

Pour bien comprendre ce que dit, ce qu'écrit un auteur, il est nécessaire d'être en rapport avec lui, de pénétrer, de comprendre ses idées, ses pensées, ses paroles et ses sentiments de manière à ce qu'ils se reproduisent bien dans notre esprit. Il n'y a qu'un Entendement. Nous ne savons pas exactement qui écrivit les Evangiles, et pour ma part, avant d'en disserter ou d'écrire au sujet de ces merveilleux récits bibliques, je dis à mon Moi Profond dans la méditation : « En tant qu'auteur de ces récits, quel sens leur ai-je donné lorsque je les ai écrits ? » Puis je reste immobile et dans le silence, ressentant l'Intelligence Vivante qui coule à travers mon esprit conscient, me révélant tout ce que je dois savoir. La mémoire de tout ce qui a jamais existé est dans votre esprit subjectif et il vous est loisible de vous y accorder. Dans un état d'inter communication d'esprit à esprit, il est possible de recevoir toutes les pensées, les idées et les sentiments d'un autre esprit avec lequel vous êtes en rapport (1). *Cette transmission est extra-sensorielle. Répétons-le, il n'y a qu'un seul Entendement commun à tous les hommes.*

Le but de ce livre, autant qu'il est possible, est de débarrasser les récits bibliques de tous mystères, afin qu'il devienne un livre ouvert pour toute l'humanité. La même Présence Curative dont se servirent Moïse, Elie, Paul et Jésus est à votre portée. Servez-vous-en et avancez dans la Lumière allant de gloire en gloire « jusqu'à ce que le jour se lève et que les ombres fuient ».

(1) En français dans le texte.

CHAPITRE PREMIER

LA GUÉRISON DES DÉSORDRES MENTAUX

La citation suivante est tirée du quatrième chapitre de l'Évangile selon Luc ; elle constitue les bases sûres de toute guérison, et nous révèle à tous la raison pour laquelle nous sommes ici-bas.

« *L'Esprit du Seigneur est sur moi, parce qu'il m'a oint pour annoncer la bonne nouvelle aux pauvres ; il m'a envoyé pour guérir ceux qui ont le cœur brisé, pour proclamer aux captifs la délivrance, et aux aveugles le recouvrement de la vue, pour renvoyer libres les opprimés, pour publier une année de grâce du Seigneur. Ensuite, il roula le livre, le remit au serviteur, et s'assit. Tous ceux qui se trouvaient dans la synagogue avaient les regards fixés sur lui. Alors il commença à leur dire : aujourd'hui cette parole de l'Ecriture que vous venez d'entendre est accomplie.* « *Luc IV : 18-21.* »

Ceci est un des énoncés les plus remarquables, les plus extraordinaires de toute la Bible. « *Aujourd'hui cette parole de l'Ecriture que vous venez d'entendre est accomplie.* » Non pas demain ou la semaine prochaine ou l'année prochaine, mais DÈS A PRÉSENT, à l'instant même. Dieu est L'ÉTERNEL MAINTENANT. Votre bien existe en ce moment même. Revendiquez dès à présent votre santé, votre paix. Le Principe Curatif et la Paix de Dieu sont en vous. Pendant mon cours sur « Les Guérisons Miraculeuses », quelqu'un me demanda si ces guérisons de la Bible étaient vraies. La réponse à cette question est très simple. Le Principe guérisseur agit à chaque instant et pour tous les hommes, cela est autrement vrai, autrement intéressant, autrement passionnant que s'il ne s'agissait que d'événements historiques s'étant produits dans une seule partie du monde, qui n'auraient profité qu'à un certain peuple.

Pour comprendre votre Bible, considérez-la comme étant un grand drame psychologique qui se déroule dans la conscience de tous les peuples lorsqu'ils prient scientifiquement. Considérez les épisodes dramatiques dont il va être ici question et que relate la Bible comme étant des histoires qui vous concernent, vous et vos amis qui, sortant des télèbres, s'éveillent à la Lumière Intérieure. Tout comme Robert Taylor de Cambridge, Angleterre en 1829 vous pouvez appeler Jésus *la raison illuminée.* Votre Concordance vous donne plusieurs significations pour le nom de Jésus telles que : « Dieu est Sauveur », ou « Dieu est votre solution, votre salut. » Le nom de Josué et celui de Jésus sont identiques. La signification en est que la conscience ou la foi que vous avez en la Sagesse divine peut accomplir toutes choses. Considérez Jésus comme étant vous-même, possédé par la foi et par la confiance, contemplant les pensées, les croyances et les opinions de votre esprit (votre synagogue) rejetant toutes les fausses croyances, les fausses théories, les fausses idées et annonçant la présence de votre idéal, c'est-à-dire de l'état que vous souhaitez. Il convient de faire ceci au présent.

La Bible vous dit que quoi que ce soit que vous cherchiez existe dans le présent. Pourquoi attendez-vous une guérison ? Pourquoi la remettre, pourquoi dire, « un jour j'aurai la Paix ». Le Dieu de Paix est au-dedans de vous. La Puissance du Tout-Puissant est au-dedans de vous et vous recevez l'énergie et la force. L'Amour est ici-même et vous pouvez faire l'expérience de l'Amour divin surgissant dans votre cœur pour tous les hommes. Vous pouvez aussi vous attirer votre compagnon divin. Ce que vous cherchez dans le futur existe dans le présent, existe là-même où vous êtes. La connaissance des lois de votre Esprit est votre Sauveur.

« On était frappé de sa doctrine ; car il parlait avec autorité. Il se trouva dans la synagogue un homme qui avait un esprit de démon impur, et qui s'écria d'une voix forte : Ah qu'y a-t-il entre nous et toi, Jésus de Nazareth ? Tu es venu pour nous perdre. Je sais qui tu es : le Saint de Dieu. Jésus le menaça disant : Tais-toi, et sors de cet homme. Et le démon le jeta au milieu de l'assemblée et sortit de lui sans lui faire aucun mal. » Luc IV : 32-35. Marc I : 23-27, III : 11, VII : 25-30.

Dans l'antiquité un homme atteint de démence était considéré comme étant possédé par les démons. Et dans les temps bibliques l'exorcisme sous des formes variées était la thérapeutique dont on se servait régulièrement pour soigner les malades atteints de désordres mentaux. Aujourd'hui encore dans certaines parties de l'Amérique et ici-même à Los Angeles, nous entendons parfois dire : « Oh, je crois qu'il est en proie à un démon. » A un moment donné on essaya de différentes méthodes pour chasser les démons hors de l'esprit ou du corps des malades. Aujourd'hui le psychiatre, le psychologue et les conseillers spirituels s'efforçent de mettre de l'ordre dans la personnalité, de nettoyer l'esprit de toute pensée négative et de toute fausse croyance. Sans doute êtes-vous au courant du changement soudain et miraculeux qui s'observe de nos jours lorsqu'un malade présentant un état de manie dépressive est guéri par une thérapeutique de choc.

Il y a bien des années, étant petit garçon, et voyageant sur un bateau qui se rendait aux Indes, je vis un fou furieux complètement guéri par une Américaine qui se mit à prier pour lui à haute voix. La guérison fut remarquable, instantanée. Etant curieux de nature, je demandai à cette dame comment elle avait fait. Elle me répondit : « J'ai affirmé que l'Amour et la Paix de Dieu remplissaient l'esprit de cet homme ». Aujourd'hui je comprends beaucoup mieux ce qu'elle entendait par là. Sa réalisation de la Présence et de la Puissance de Dieu en cet homme la ressuscita instantanément dans son esprit et la guérison s'ensuivit. La foi de cette femme l'avait guéri. Ce que l'on appelle démons ne sont que des états de conscience négatifs qui se sont développés parce que la Puissance créatrice de l'homme a été mise au service d'idées ignorantes et destructrices. Tout homme a besoin d'entrer dans sa propre *synagogue* (son esprit) et, par la conscience spirituelle de chasser de son propre esprit les théories fausses, les dogmes, les croyances, les opinions fausses, ainsi que tous les états négatifs tels que le ressentiment, la mauvaise volonté, la haine, la jalousie, etc. Voilà les démons dont nous devenons la proie. Les obsessions, le dualisme de la personnalité et toutes les autres aberrations mentales sont le résultat d'habitudes négatives de penser qui se cristallisent en des états de conscience déterminés, des complexes et autres foyers d'infection dans le subsconscient. Vous avez le pouvoir de chasser les démons en affirmant votre unité avec le Dieu qui vous habite ; puis, silencieusement et audiblement, mais dans un sentiment de foi profonde, vous prononcez la parole de Santé, d'Harmonie et de Paix. Priez avec foi, avec confiance, comme la femme qui se trouvait sur mon bateau, en vous concentrant silencieusement sur la Puissance de l'Amour de Dieu qui dissout le mal. C'est ainsi que l'on brise les chaînes des pensées négatives.

Le démon supposé s'écrie, « *Qu'y a-t-il entre nous et toi* ». Et Jésus le menaça disant, « *Tais-toi et sors de cet homme* ».

Menacer signifie ici que vous rejetez complètement, une fois pour toutes, la puissance de toute prétendue force mauvaise ou négative. Vous n'admettez pas un moment que ces démons aient aucune puissance ni qu'il existe pareille entité.

« *Il ne permettait pas aux démons de parler.* » *Marc 1 : 34.*

Ceci veut dire que vous qui êtes illuminé par la Lumière, vous ne permettrez en aucune circonstance aux pensées négatives de l'entendement collectif, de vous dissuader de vous tourner vers la croyance en une Puissance Suprême, Une et Indivisible. La méthode curative dont se sert ici Jésus, est la Parole d'autorité, *...Il commande avec autorité et puissance aux esprit impurs et ils sortent ! Luc IV : 36.*

Votre parole, c'est votre conscience, votre sentiment, votre conviction. Psychologiquement c'est l'union du conscient au subconscient ; autrement dit, vous êtes parvenu à l'acceptation mentale complète de ce que vous affirmez comme étant vrai. A l'instant même où vous l'acceptez complètement, sans réserve, la guérison de la personne pour laquelle vous priez a lieu. Si vous priez pour une personne qui souffre de désordres mentaux, suivez les enseignements de la Bible prescrits ici.

Entrez hardiment dans votre synagogue, ce qui veut dire le temple de votre propre esprit ; rassemblez vos pensées en révisant dans votre esprit toutes Les Vérités de Dieu, les opposant à vos pensées et à vos opinions ; prenez conscience de l'atmosphère mentale de liberté et de paix pour la personne pour laquelle vous priez. Devenez Jésus (l'esprit illuminé) ; autrement dit, soyez pleins de foi et de confiance tandis que vous entrez dans le royaume de votre esprit, ne donnant aucun pouvoir aux symptômes, ou à la nature du blocage mental. Rejetez complètement le verdict et les opinions de ceux qui vous entourent. Faites ceci catégoriquement avec le sentiment de votre Connaissance intérieure. Sachez que vous avez toute l'autorité voulue pour prononcer la Parole ; pour sentir, pour savoir que votre pensée est pleine d'autorité puisqu'elle est la manifestation du Penser infini qui se manifeste à travers vous.

Quimby, le grand guérisseur américain

(1), savait que lorsqu'il pensait à son malade il commandait à l'esprit et au corps de cet individu ; alors il contemplait en lui la Perfection divine. C'est ainsi que Quimby reproduisit plusieurs fois les miracles dont parle la Bible. Sa conviction intérieure était que ce qui est vrai au sujet de Dieu était également vrai au sujet de son malade, était vrai de la *parole* qu'il prononçait. *Il projetait sa parole et le guérissait.*

Les mauvais esprits (émotions négatives) sont légion : la haine, le ressentiment, l'esprit de revanche, la jalousie, etc. On peut dire qu'un homme possédé d'une haine intense est obsédé par un mauvais esprit. La loi qui gouverne votre esprit subjectif veut qu'il soit soumis à la suggestion. Dans l'antiquité, l'idée que tout homme était sujet à être possédé d'un démon était courante. Et bien des gens qui, par peur, entraient dans cet état subjectif se trouvaient en effet possédés des démons, c'est-à-dire par la puissance de leurs propres pensées de crainte.

Autrefois la profession d'exorciste était très profitable, elle l'est encore aujourd'hui

(1) Guérisseur est pris ici dans un sens bien déterminé, le sens spirituel.

dans certaines parties du monde. Il était généralement admis que les démons avaient peur de l'eau bénite, de la Bible, et d'entendre prononcer le nom de Dieu. En conséquence, lorsque l'exorciste prononçait son commandement, le prétendu démon fuyait, le patient était délivré. Parfois celui-ci entrait en convulsion en entendant prononcer le nom magique, et l'exorcisme se continuait alors. Vous comprenez bien que l'exorcisé réagissait selon sa foi dans l'exorcisme.

Aujourd'hui, des médecins et des savants poursuivent des expériences sur l'hypnose ; ils savent par exemple qu'ils peuvent obtenir d'un sujet hypnotisé qu'il se conduise, par l'effet de la suggestion, comme un insensé. Ils lui suggèrent de sauter sur un pied en tenant l'autre en l'air lorsqu'il voit venir un chien, et le sujet obéit. S'il reçoit, pendant la séance d'hypnotisme, une suggestion, il s'empressera, une fois éveillé, de répéter ce qui lui a été suggéré. Le subconscient qui est la faculté déterminante, absolue, va obéir implicitement à tout ce qui lui est inculqué. Expérimentalement il est possible, au moyen de suggestions appropriées, de faire apparaître chez un sujet toutes les formes de la démence. Ensuite, lorsque le sujet est assuré qu'il ne s'agissait que d'une suggestion, les aberrations mentales disparaissent, qu'il s'agisse de schizophrénie, de psychose du type dépressif ; tous les désordres mentaux peuvent être démontrés par la suggestion. A la lumière de ces travaux il est facile de comprendre quelle était la nature des prétendus démons de l'antiquité.

La cérémonie de l'exorcisme dont on se sert encore aujourd'hui dans certains organismes, constitue un commandement extrêmement puissant envers l'esprit suggestif : le résultat qui s'ensuit est à la mesure de la foi de l'exorciste. Le fait que le mal est susceptible d'être guéri par un rite, une cérémonie, démontre clairement son origine mentale et écarte la possibilité qu'il soit imputable à des causes extra-terrestres ou à des entités extérieures.

Beaucoup de personnes viennent me dire ou m'écrivent qu'elles entendent constamment des voix et que ces voix leur disent des choses terribles. Elles croient être possédées par des esprits mauvais. Je leur réponds que moi aussi j'entends des voix. La clair-audience est une faculté naturelle de l'esprit humain. C'est une faculté de l'Intelligence qui vous habite qui permet à votre esprit objectif de recevoir des communications de votre propre esprit subjectif ou d'un autre lorsqu'il vous parle. Il y a quelques semaines j'entendis clairement la réponse à une question qui m'avait embarrassé. J'entendis les mots clairement. Ces paroles ne provenaient pas de quelque entité désincarnée mais de mon propre moi subjectif qui ne fait qu'un avec la Sagesse et l'Intelligence infinies. Lorsque vous recevez des idées subjectivement ou lorsque les réponses à vos questions vous viennent, cela se fait nécessairement par des moyens que vous pouvez comprendre, c'est-à-dire par le truchement de vos sens. De nombreuses personnes entendent par clair-audience ; certains attribuent ceci à l'imagination, d'autres considèrent qu'il s'agit d'une hallucination subjective. D'autres encore attribuent ce phénomène à l'esprit des disparus ; inutile de dire que nous nous trouvons en présence de la même loi de la suggestion qui gouverne la nature de ces manifestations clair-audientes. Le subconscient prend toujours les caractéristiques que lui suggère le conscient. Si par exemple vous croyez qu'un ange gardien vous parle, ou qu'il s'agit de la voix d'un esprit désincarné, le subconscient va suivre la suggestion qui lui est donnée et toute communication future va se présenter sur les bases que vous aurez vous-même établies. Votre subconscient va assumer le caractère d'un ange ou d'un démon selon la suggestion qu'il a reçue. Il y a quelques mois un jeune universitaire vint me voir, il se plaignait d'entendre constamment des voix qu'il attribuait à des esprits disant qu'ils le contraignaient de faire des choses répréhensibles, qu'ils ne lui laissaient ni paix ni trève et qu'ils ne lui permettaient de lire ni la Bible ni d'autres livres spirituels. Ce jeune homme était convaincu qu'il parlait à des êtres surnaturels. En fait il était clair-audient, et ne sachant pasque chacun possède cette faculté, il s'était mis à penser que ce qui lui arrivait était l'œuvre d'esprits mauvais. Il ne s'agissait que de croyances superstitieuses. A force de se tourmenter il devint monomaniaque. Son subconscient dominé, maîtrisé par une suggestion fausse mais toute-puissante, prit peu à peu le commandement de ses facultés objectives et sa raison abdiqua. Ce jeune homme avait perdu tout équilibre mental comme tous ceux qui permettent à leurs croyances fausses d'exercer sur eux leur ascendant.

Nous ne devons pas permettre aux gangsters, aux assassins, aux meurtriers de prendre le commandement de notre esprit. Il faut le placer sous l'égide de la Sagesse et de l'Amour divins. Que votre foi en Dieu et en tout ce qui est bon prenne le commandement de votre esprit. L'esprit subconscient ou subjectif en chacun de nous a une importance et une signification extrêmes mais il peut être influencé négativement autant que positivement. Faites en sorte de ne l'influencer que positivement, constructivement et harmonieusement. Le subconscient possède des puissances transcendantes, mais répétons-le, il est susceptible de recevoir aussi bien les bonnes que les mauvaises suggestions. Les explications que j'en donnai à ce jeune homme firent sur lui une impression profonde. Je lui donnai la prière suivante en le priant de la répéter trois ou quatre fois par jour pendant dix ou quinze minutes : « L'Amour, la Vérité et la Sagesse de Dieu inondent mon esprit et mon cœur. J'aime la Vérité, j'entends la Vérité et je connais la Vérité. La paix de Dieu inonde mon esprit et je rends grâces d'être délivré. » Le jeune homme répéta cette prière lentement, tranquillement, avec dévotion dans un sentiment profond, et particulièrement au moment de s'endormir. En s'identifiant à l'Harmonie et à la Paix, il provoqua une transformation des prototypes mentaux, de ses images mentales et la guérison s'ensuivit. Ce garçon comprit que ce qui était vrai au sujet de Dieu l'était aussi en ce qui le concernait ; il en acquit la conviction par la répétition, la foi en s'attendant à recevoir son bien.

Matin et soir je priai ainsi pour lui : « John pense juste, il reflète la Sagesse et l'Intelligence divines en toutes choses. Son Esprit est l'Esprit parfait de Dieu, inchangeable et éternel. Il entend la voix de Dieu qui est la Voix de la Paix et de l'Amour. Il comprend la Vérité, il sait la Vérité et il aime la Vérité. La Paix de Dieu inonde son Esprit. Son Esprit est tout rempli de la Sagesse et de la Compréhension de Dieu. Il est à présent délivré de tout ce qui le blessait et je le déclare libre et en Paix. » Matin et soir je méditai sur ces paroles de Vérité, j'en ressentis la Paix et l'Harmonie ; au bout de la semaine, ce jeune homme fut complètement libéré.

Je m'étais écarté du témoignage des sens et des symptômes de la peur ; je m'étais abstenu de cette nourriture empoisonnée, j'avais observé le jeûne. Pour être utile à ce jeune homme il fallait me guérir moi-même de la croyance en un état maladif, lorsque j'y parvins les résultats ne se firent point attendre. Je crois que mes explications furent d'une grande aide pour ce jeune homme. La maladie s'attache à nous aussi longtemps que nous en voyons l'image. Et nos échecs sont dus à l'absence de foi dans les disciples représentés par nos difficultés mentales. Il nous faut contempler la Perfection Infinie qui est en nous et persister jusqu'à ce que le jour se lève et que les ombres fuient.

« Il ne permit pas aux démons de parler ».

CHAPITRE II

COMMENT VOTRE ESPRIT GUÉRIT LES MALADES

En sortant de la synagogue, il se rendit à la maison de Simon. La belle-mère de Simon avait une violente fièvre et ils le prièrent en sa faveur. S'étant penché sur elle, il menaça la fièvre et la fièvre la quitta. A l'instant elle se leva et les servit. Luc IV : 38-39. — Matthieu VIII : 14-15.

Il y a quelque temps une dame vint me dire que son enfant était en proie à une très forte fièvre et qu'on s'attendait à ce qu'elle meure. Le médecin avait prescrit l'aspirine en petites doses, il avait également administré une préparation anti-biotique. La mère envisageait de divorcer et se trouvait dans un état d'agitation émotionnelle extrême. La perturbation de ses sentiments se communiquait subconsciemment à son enfant et naturellement, elle tomba malade.

Les enfants sont à la merci de leurs parents et sont sujets à l'atmosphère mentale qui domine autour d'eux. Ils n'ont pas encore atteint l'âge de raison auquel ils peuvent prendre le contrôle de leurs propres pensées, de leurs propres émotions et de leur réaction à la vie. Cette mère, suivant mon conseil, décida de se calmer en lisant *le vingt-troisième Psaume,* en priant pour être dirigée, priant aussi pour la Paix et l'Harmonie de son mari, elle se mit à projeter vers lui l'amour au lieu du ressentiment et de la rage. La fièvre de l'enfant était l'expression de la colère et de la rage réprimées de la mère ; cette colère rentrée s'exprimait à travers l'enfant sous la forme d'une forte fièvre, d'un état d'excitation de l'esprit.

Ayant tranquillisé son propre esprit, cette dame se mit à prier pour son enfant, ainsi : « L'Esprit qui est Dieu est la vie de mon enfant. L'Esprit n'a point de température, il n'est jamais malade ni fiévreux. La Paix de Dieu inonde l'Esprit et le corps de mon enfant, l'Harmonie, la Santé, l'Amour et la Perfection de Dieu se manifestent dans l'Esprit et dans le corps de mon enfant à l'instant même. Elle est détendue et tout à fait à l'aise, équilibrée, sereine et calme. Je fais appel en elle aux dons de Dieu et tout est bien. » Elle répéta cette prière lentement, doucement et avec beaucoup d'amour pendant dix minutes. Elle s'aperçut alors d'un changement remarquable qui se manifestait dans l'enfant qui, éveillée, demandait sa poupée et quelque chose à manger. Sa température redevint normale. Que s'était-il passé ? La fièvre quitta l'enfant parce que la mère n'était plus ni fiévreuse ni agitée dans son esprit. La paix, l'harmonie et l'amour qui emplirent son esprit furent instantanément ressenties par l'enfant en une réaction correspondante. Selon l'expression biblique cette mère avait pris son enfant par la main.

La main signifie la Puissance de Dieu. Avec la main vous créez, vous formez, vous dirigez. La main est symbolique en nous tous de la Puissance, de l'Intelligence créatrices. Cette mère fit lever son enfant en la prenant par *la main* en ce sens qu'elle éleva l'idée de la santé, de l'harmonie et de la paix dans son propre esprit au point de les accepter et la Puissance Universelle lui répondit. La nature de l'Entendement Profond est de répondre à la nature de votre pensée. Lorsque cette mère concentra son attention sur l'idée de la Santé parfaite pour son enfant, la Puissance Universelle se manifesta au point de son attention et la guérison s'ensuivit.

Lorsque la Bible parle *d'entrer dans la maison de Simon,* elle implique ce que vous entendez. Simon veut dire entendre, et la belle-mère de Simon représente l'état émotionnel qui suit ce que vous venez d'entendre, ce à quoi vous avez donné votre attention. Si vous êtes troublé par certaines nouvelles, si vous êtes surexcité, il faut vous élever jusqu'à votre *synagogue* (votre esprit) ; c'est-à-dire qu'il vous faut contempler la Présence Intérieure qui sature,chaque atome de votre être. C'est alors qu'une vague de paix profonde vous envahira et tout ira bien. Vous *menacez la fièvre* ou l'état pathologique en contemplant l'Omniprésence de Dieu. C'est mettre la Science divine en action.

Il y a beaucoup de paix pour ceux qui aiment Ta Loi, et il ne leur arrive aucun malheur.

Un lépreux vint à lui et, se jetant à genoux il lui dit d'un ton suppliant : si tu le veux tu peux me rendre pur. Jésus ému de compassion, étendit la main, le toucha, et dit : Je le veux, sois pur. Aussitôt la lèpre le quitta et il fut purifié. Jésus le renvoya sur le champ, avec de sévères recommandations et lui dit : Garde toi de ne rien dire à personne ; mais va te montrer aux sacrificateurs et offre pour ta purification ce que Moïse a prescrit, afin que cela leur serve de témoignage. Luc V : 12-14, Marc I : 40-44, Matt VIII : 2-4.

En langage biblique, *un lépreux* est une personne qui, par ses pensées fausses s'est séparée de la vraie Source de Vie. C'est un homme qui est gouverné par les sens, qui est psychologiquement et spirituellement séparé de son Centre divin. Un état lépreux se manifeste lorsque l'homme est gouverné par ses sens et tributaire des craintes, des superstitions, des pensées erronées qu'ils engendrent.

Il étendit sa main, le toucha, disant, je le veux : sois pur.

Vous avez vu des hommes imposer les mains aux malades en priant et ainsi les guérir ; cela se fait depuis des temps immémoriaux. On dit parfois que ceux qui imposent les mains sont des « guérisseurs naturels » pour la simple raison que la Présence curative de Dieu est en chaque homme. Chacun de nous entre en contact avec Elle par ses pensées et cette Présence répond à tous. Le Principe Curatif est dans le chien, le chat, l'arbre et l'oiseau car il est Omniprésence, il est la Vie en toutes choses.

Il y a différents degrés de foi. Il y a l'homme qui par la foi guérit ses ulcères, et cet autre qui guérit une tumeur profonde et soi-disant incurable. Il est aussi facile pour la Présence curative de guérir un poumon tuberculeux qu'une coupure à un doigt. Pour le Dieu qui nous créa tous, il n'est rien qui soit grand ou petit, facile ou ardu ; l'Omniprésence est en tous. Les prières de celui qui impose les mains à autrui appellent la coopération de l'inconscient ; la réponse ne se fait pas attendre et *il nous est fait selon notre foi* (notre sentiment). Voilà l'éternel processus de la guérison.

Et il leur recommanda de n'en parler à personne.

Il est sage de s'abstenir de dire à tout un chacun que vous avez été l'objet d'une guérison spirituelle. Beaucoup de vos amis sont susceptibles de commentaires sceptiques et désobligeants de nature à affaiblir votre foi, à vous amener à douter, annulant ainsi les bienfaits obtenus par les prières de celui qui vous aide, conjugués à votre acceptation mentale.

Montre-toi au prêtre. Lorsque vous priez, vous êtes le *prêtre* qui offre le *sacrifice.* Votre sentiment, votre état d'esprit, votre attitude de réceptivité est le lien qui rattache l'Invisible au visible. Votre désir est votre offrande ; vous vous purifiez en pardonnant à chacun, en désirant sincèrement pour tous ceux qui ont pu vous nuire, toutes les bénédictions de Dieu telles que la paix, l'amour, la joie et le bonheur. Ayant chassé de votre esprit toutes ces impuretés (les images négatives, les pensées destructrices), vous offrez votre don (le désir) à Dieu en vous galvanisant dans le sentiment de ne plus faire qu'un avec votre idéal. Absorbez-vous profondément dans la joie de celui qui a entendu la bonne nouvelle, c'est-à-dire dans la joie de la prière exaucée ; ceci consume l'état ancien et donne naissance au nouveau.

Si vous voulez guérir votre corps, détournez-vous mentalement des symptômes de la maladie, du témoignage des sens, et mettez-vous à penser à la Présence Curative de Dieu qui est en vous. Vos cinq sens extérieurs se tournent alors vers la santé et l'harmonie et se fixent sur elles. Toute votre attention est à présent fixée sur la santé et la paix de l'esprit. La Toute-Puissance Créatrice se manifeste au point précis de votre attention ; vous sentez la réponse de l'Esprit vous inonder. La Présence Curative inonde chaque atome de votre être et vous êtes spirituellement enrichi. Demeurant dans la communion consciente avec le divin ; l'homme est souvent enivré de l'Esprit ; la joie s'empare de tout son être. Cet éveil spirituel fait de lui un homme nouveau ; chaque jour ajoute à sa joie nouvelle. Lorsque nous continuons à prier scientifiquement ainsi, nous sommes élevés de telle sorte que l'Esprit se manifeste à travers nous ; tout notre être est revivifié.

Le Dr Alexis Carrel, dans « *l'Homme cet inconnu* », parle des merveilleux effets obtenus par la prière. Il cite le cas d'une plaie cancéreuse qui se cicatrisa devant ses yeux. Il dit avoir vu des blessures guérir en quelques secondes, des symptômes pathologiques disparaître en quelques heures. L'extrême accélération des processus de réparations organiques était en cours. Ces guérisons de tumeurs, de brûlures, etc, étaient tout simplement dues au déclenchement de la Puissance Curative qui est en chacun de nous. Dieu, l'Intelligence Infinie est le seul Guérisseur, la seule Présence, la seule Puissance. Lorsque nous faisons appel à cette Présence Intérieure, reconnaissant sa suprématie, prenant conscience de ce que sa Puissance Curative sature notre esprit et notre corps, nous recevons de cette Puissance un influx correspondant qui sature chaque atome de notre corps, cicatrisant les blessures et nous rendant à la santé. Notre corps se met à fonctionner harmonieusement ; sa structure atomique et moléculaire est rétablie, conformément au prototype divin qui est en nous ; c'est alors que nous comprenons la Vérité de cette parole : *tandis que je suis encore dans la chair je verrai Dieu.*

Lorsque la Bible dit, *fais une offrande pour ta guérison, selon le commandement de Moïse,* vous devez considérer le mot *Moïse* ainsi que le fait remarquer Troward, comme synonyme de Loi, c'est-à-dire comme la fonction de votre Entendement profond. Tandis que vous élevez vos pensées, proclamant et affirmant votre bien, votre esprit subjectif (la Loi) répond automatiquement à ce nouveau prototype mental, à cette imagerie mentale et la guérison s'ensuit. La Loi de l'esprit est absolument impartiale, tout comme celle de l'électricité. Il suffit que vous vous conformiez au Principe de l'électricité pour obtenir de la lumière ; de même, vous pouvez, pendant cinquante ans vous servir à faux du Principe qui vous permettrait d'obtenir de l'eau ; à partir du moment où vous vous servez correctement de ce principe, vous obtenez de l'eau. Il en va de même en ce qui concerne votre esprit.

Et voici, des gens, portant sur un lit un homme qui était paralytique, cherchaient à le faire entrer et à le placer sous ses regards. Comme ils ne savaient pas où l'introduire, à cause de la foule, ils montèrent sur le toit et ils le descendirent par une ouverture, avec son lit, au milieu de l'assemblée, devant Jésus. Voyant leur foi, Jésus dit : homme, tes péchés te sont pardonnés. Luc V : 18-20. Marc II : 3-5.

Je te l'ordonne, lève-toi, prends ton lit, et va dans ta maison. Luc V : 24.

Je me souviens d'un cas de paralysie agitante ; à de certains moments les jambes de l'homme en question lui refusaient tout service. Incapable de bouger, pris de panique, il restait figé même s'il se trouvait au milieu de la rue. Cet état de crainte constante, de panique et d'appréhension, le déprimait à l'extrême. Voici ce que nous lui conseillâmes. D'abord de *s'accorder promptement avec son adversaire* (1), puis de mettre fin à son état de crainte, de panique, de révol-

(1) Allusion à « Accorde-toi promptement avec ton adversaire, pendant que tu es en chemin avec lui, de peur qu'il ne te livre aux juges, que le juge ne te livre à l'officier de justice et que tu

te contre cet état physique, contre les causes qui l'avaient provoqué. Il reconnut que cet état apparent était pour lui un problème bien pénible mais qu'il n'était point obligé de le garder. Il se dit : « Je vais nier cet état et retourner au Roc dont je suis sorti. » Il se tourna vers la Présence Intérieure qui l'avait créé et qui savait ce qu'il fallait pour le guérir. Cette Présence Curative est Omniprésente, Omnisciente et Omnipotente, notre homme s'identifia à l'Infini, prenant conscience de ce que sa Présence curative saturait chaque atome de son être et coulait à travers lui sous forme d'harmonie, de santé, de paix, d'intégrité et de perfection. Peu à peu, tandis qu'il remplissait son esprit de ces Vérités éternelles, il se rétablit dans la santé et dans l'harmonie. En transformant son esprit, il transforma son corps, car le corps est l'ombre de l'esprit.

La Bible dit que *des gens apportèrent sur son lit un paralytique.* Le *lit* sur lequel se trouve l'homme est son propre esprit, il s'y couche avec la peur, le doute, la condamnation, le complexe de culpabilité et la su-

ne sois mis en prison. Je te le dis en vérité, tu ne sortiras pas de là que tu n'aies payé le dernier quadrant ». Matt. 5 : 25. N. T.

perstition. Ce sont ces pensées qui paralysent son esprit et son corps.

Dans l'Evangile selon Saint-Marc, au deuxième chapitre, du premier au douzième verset, nous avons une version légèrement différent de la même histoire, ici le malade est *porté par quatre hommes.* Le chiffre *quatre* représente le monde manifesté, la manifestation objective des états subjectifs de la conscience. *Quatre* signifie le terme, le résultat final, l'achèvement d'un cycle de conscience, négatif ou positif.

L'évangéliste nous dit que Jésus (la Conscience de la Puissance de Dieu), le guérit en *pardonnant ses péchés.* Pécher c'est manquer le but, le but de la santé, du bonheur, de la paix ; nous nous pardonnons à nous-même en nous identifiant mentalement et émotionnellement à notre idéal et en continuant de le faire jusqu'à ce que la conviction subjective prenne corps en nous. Bien entendu nous péchons également lorsque nous pensons négativement au sujet d'autrui ou lorsque nous éprouvons à son sujet du ressentiment, de la haine, de la peur, ou lorsque nous le condamnons. Si nous pensons qu'il existe une autre puissance que celle de Dieu, l'Unique, nous péchons également parce qu'alors nous cohabitons mentalement avec le mal, et nous nous attirons ainsi toutes sortes de calamités, de désordres et de pertes. Nous péchons lorsque nous nous détournons du but de la vie qui doit toujours être la paix, l'harmonie, la sagesse et la santé parfaite. Se laisser aller à former des images mentales morbides, à entretenir des pensées destructrices, c'est compromettre notre bonheur, c'est manquer le but d'une vie heureuse et comblée. Jésus guérit le paralytique en lui disant, « *lève-toi, prends ton lit* » ce qui signifie que la Vérité, c'est-à-dire Dieu, ne juge ni ne condamne jamais.

L'Absolu ne juge point — tout jugement est donné au Fils. Tous les hommes sont fils de l'Infini, votre Esprit est le fils, c'est-à-dire la progéniture de l'Esprit ; avec cet esprit vous décrétez, vous choisissez, vous prenez des décisions et parvenez à des conclusions. Si vous vous trompez dans votre jugement ou dans vos décisions, vous recevez la réaction automatique, obligatoire de votre subconscient. Votre esprit vous pardonne sans cesse, parce que dès le moment où vous lui présentez une imagerie mentale nouvelle, un beau prototype de pensée, il y répond semblablement. Perpétuellement il vous pardonne ; c'est ce qui s'appelle l'amour de Dieu ou sa miséricorde.

Le paralytique ne pouvait être guéri tant que ses péchés n'avaient pas été remis, mais une fois son état d'âme transformé par le contact avec la Puissance Curative et le sentiment de son unité avec Elle, il s'éleva par la Toute-Puissance (l'Unique Puissance) et n'eut plus à être porté par quatre hommes qui symbolisent les croyances matérielles, les impressions fausses de toutes sortes. Le changement extérieur est conforme au changement intérieur, à l'éveil spirituel.

Comme ils ne savaient pas où l'introduire, à cause de la foule, ils montèrent sur le toit. La *foule,* la multitude, symbolise ceux qui accusent l'homme, sa peur, son accusation de lui-même, ses remords, sa condamnation. Lorsqu'il prend conscience de ce que la Vérité, Dieu, la Loi de la Vie, ne condamne jamais, il cesse de se condamner et se pardonne lui-même. Alors, au lieu d'être prostré sur un lit de fausses croyances et de peurs de toutes sortes, par son contact avec la Toute-Puissance il se lève et se tient tout droit à la Lumière de la Loi, créant l'image de sa santé parfaite et de son Intégrité.

Si vous voulez une réponse à votre prière, il faut monter sur le *toit.* Il faut vous élever en vous remémorant l'Unique Puissance Omnipotente, en ravivant votre foi en elle. C'est par la foi que nous nous élevons ; nous surmontons notre problème sur les ailes de la foi et de l'imagination disciplinée. La foi consiste à regarder vers l'Unique, à donner toute notre fidélité, notre dévouement et notre loyauté à Dieu, à marcher dans une seule direction, sachant que le Grand Médecin est en nous et qu'il nous guérit dès à présent et que rien ne peut ni lui opposer de résistance ni lui faire obstacle, de quelque manière que ce soit. La peur est la négation de Dieu et n'est rien d'autre qu'un sinistre amas d'ombres que rien ne soutient.

L'Evangile nous dit que ces hommes grimpèrent sur le toit pour l'ouvrir et faire descendre le paralytique devant Jésus. Cela signifie qu'en contemplant Dieu et Sa Sainte Présence, vous vous élevez, votre esprit s'ouvre, devient réceptif, et vous permettez à votre conviction profonde de la santé parfaite de descendre en vous jusqu'au niveau subliminal. Jésus symbolise la délivrance de Dieu, le JE SUIS en vous, qui reçoit l'impression de votre conviction et y répond à l'avenant. Si vous ouvrez le toit d'une maison, vous pouvez apercevoir le ciel, le soleil, la lune et les étoiles. Ne permettez pas au poids des pensées matérielles de vous empêcher de recevoir la guérison. Si un de vos bien-aimés est malade ouvrez le toit de votre esprit et laissez entrer la Lumière Curative, remettez votre bien-aimé à Dieu et prenez conscience qu'il est à présent immergé dans la Sainte Omniprésence ; voyez-le comme il devrait être, radieux, heureux et libre. Déclarez que ce qui est vrai en ce qui concerne Dieu l'est aussi de votre bien-aimé. A mesure que vous continuerez ainsi, votre bien-aimé se lèvera de son lit de misère, de douleur, et avancera en glorifiant Dieu.

Et il arriva, un autre jour de Sabbat, que Jésus entra dans la synagogue et qu'il enseignait. Il s'y trouvait un homme dont la main droite était sèche. Les scribes et les pharisiens observaient Jésus, pour voir s'il ferait une guérison le jour du Sabbat ; c'était afin d'avoir sujet de l'accuser. Mais Il connaissait leurs pensées et Il dit à l'homme qui avait la main sèche : lève-toi et tiens-toi là au milieu. Il se leva et se tint debout. Luc 6 : 6-8.

Alors, promenant ses regards sur eux tous, il dit à l'homme : étends ta main. Il le fit, et sa main fut guérie. Luc VI : 10, Marc III : 3-5.

Elsie H. Salmon, femme d'un missionnaire en Afrique du Sud, conte dans son livre « *Il Guérit Aujourd'hui* » (1) l'histoire d'un enfant qui avait la main gauche déformée. Trois doigts manquaient à cette main et à la place se trouvaient trois petits moignons. A la faveur de la prière, cette main se mit à croître et les doigts s'épanouirent comme les pétales d'une fleur, devant leurs yeux. Madame Salmon dit aussi qu'il n'y avait absolument aucun doute dans l'esprit de ceux qui avaient suivi le développement de cette main parfaite.

Nous ne devons point considérer ceci comme étant miraculeux ou surnaturel. Il faut que nous prenions conscience que la Puissance créatrice qui forme, qui modèle le corps est bien capable de faire croître une main, une jambe ou un œil. Après tout, d'où viennent tous les organes de notre corps ? Si vous construisiez un réfrigérateur, ne sauriez-vous le réparer s'il était en panne ? Ne seriez-vous pas capable de lui remettre les pièces de rechange nécessaires ?

Lorsque Jésus dit, *étends ta main,* vous

(1) « He Heals Today ». Non traduit en français. N. T.

devez considérer que cela se passe dans votre propre conscience. Le même drame prend place dans votre conscience. Vous êtes Jésus en action lorsque vous savez que la réalisation de votre désir vous sortira de quelque difficulté que ce soit. Vous êtes Jésus, l'homme spirituel qui agit, lorsque votre conscient et votre subconscient s'accordent sur la réalisation de votre désir ou de votre prière. Lorsqu'il n'y a plus de discussion et que vous êtes parvenu à un accord dans votre esprit, vous êtes Jésus-Christ en action. Jésus représente votre raison illuminée et Christ signifie la Puissance et la Sagesse qui résident dans votre être subjectif. La foi d'Elsie H. Salmon en la Puissance Créatrice de Dieu pour former une main nouvelle pour cet enfant, fut cause de la croissance de cette main. Sa foi était son sauveur, son Jésus. Cette femme a conscience de la réalité de ce pour quoi elle prie, elle sait que la nature de l'Intelligence Infinie est de faire réponse.

Pour interpréter correctement, ésotériquement la Bible il faut savoir que les principes y sont personnifiés afin de leur donner plus de force. *Ne savez-vous pas que Jésus-Christ est en vous ? A moins peut-être que vous ne soyez réprouvés ? II Cor. 13-5.*

Cependant nous ne devons pas limiter l'histoire de l'homme à la main desséchée, à sa signification littérale. *La main* est un symbole de puissance, de direction, d'efficacité. Avec votre main vous créez, vous formez, vous dessinez. *La main* du Tout-Puissant représente la Puissance Créatrice de Dieu dirigée vers un objectif. Symboliquement l'homme a *la main desséchée* lorsqu'il est atteint d'un complexe d'infériorité, lorsqu'il se sent coupable, inefficace ou lorsqu'il est défaitiste. Un tel homme ne fonctionne point convenablement, n'exprime point les pouvoirs que Dieu lui a donnés. Nous *étendons notre main* lorsque nous libérons notre Puissance cachée et devenons les canaux de l'Amour, de la Lumière, de la Vérité et de la Beauté divines.

Sa main fut guérie comme l'autre signifie une personnalité saine, heureuse, bien équilibrée et intègre. Beaucoup de gens sont malades, malheureux, insatisfaits ; leur attitude envers la vie est fausse ; de plus, ils travaillent sans entrain, sans suite, sans joie. Chaque fois que vous vous tournez avec foi et confiance vers la Toute-Puissante Présence qui est en vous, prenant conscience que vous êtes guidés, dirigés par cette Lumière Intérieure, et que vous vous exprimez pleinement, vous devenez un canal pour la divinité qui vous habite et vous allez de gloire en gloire.

Les rêves, les ambitions, les idéals, les projets et les buts de bien des hommes sont fanés, glacés dans leur esprit parce qu'ils ne savent pas comment les mener à bien. Le monde extérieur refuse leur désir. Ignorants des lois de l'esprit et de la façon dont il faut prier scientifiquement, ils voient mourir dès leur naissance leurs idées les plus merveilleuses, et il en résulte la frustration et les névroses. Regardez autour de vous, au bureau comme à l'usine, vous verrez bien des gens dont la main est desséchée. Ils stagnent, mourant littéralement sur leurs vignes. La vie est progressive, la vie est croissance. Il n'y a pas de limite à notre épanouissement, à notre Puissance Créatrice. Nous desséchons notre main (notre capacité pour créer et pour accomplir) en disant : « Si j'avais l'intelligence de Joe ou sa fortune... ses relations... je pourrais avancer et devenir quelqu'un. Mais regardez-moi, je suis quelconque. Je suis né du mauvais côté de la chance. Il faut que je me contente de mon lot. J'ai la main desséchée. »

Voilà comment parlent bien des gens.

Sans cesse ils se déprécient et se sous-estiment. Liquidez, bannissez, effacez de votre esprit la peur, le doute et la mauvaise volonté. Mettez toute votre confiance en Dieu, et dites avec un sentiment profond et beaucoup d'humilité : « Je puis accomplir toutes choses par la Puissance de Dieu et la Conscience qui me fortifie, me guide, me réconforte et me dirige. » Vous acomplirez des merveilles. *Etendez votre main* en élargissant votre concept, c'est-à-dire votre estime de vous-même. Visez haut, élevez vos regards, prenez conscience que vous irez toujours là où est votre vision. *Vous étendrez votre main* en ayant devant votre esprit l'image de ce que vous voulez accomplir. Ayez foi en la Sagesse de Dieu pour qu'elle se manifeste et vous la verrez en effet se manifester sur l'écran de l'espace. Pendant un temps vous serez satisfait, puis une divine insatisfaction s'emparera à nouveau de votre esprit, vous forçant à viser toujours plus haut et ainsi de suite jusqu'à l'infini.

Etendre votre main, au sens psychologique, représente la psychologie la plus sûre, la plus simple et la plus merveilleuse qui soit.

Je vous le dis maintenant : *Etends ta main.*

CHAPITRE III

LE TRAITEMENT A DISTANCE ET LA GUÉRISON DE LA DÉMENCE

Jésus, étant allé avec eux, n'était point éloigné de la maison, quand le centenier envoya des amis pour lui dire : Seigneur, ne prends pas tant de peine ; car je ne suis pas digne que tu èntres sous mon toit. C'est aussi pour cela que je ne me suis pas cru digne d'aller en personne vers toi. Mais dis un mot et mon serviteur sera guéri. Car, moi qui suis soumis à des supérieurs, j'ai des soldats sous mes ordres ; et je dis à l'un : Va ! et il va ; à l'autre : Viens ! et il vient ; et à mon serviteur : Fais cela ! et il le fait. Lorsque Jésus entendit ces paroles il admira le centenier, et, se tournant vers la foule qui le suivait, il dit : Je vous le dis, même en Israël je n'ai pas trouvé une aussi grande foi. De retour à la maison, les gens envoyés par le centenier trouvèrent guéri le serviteur qui avait été malade. Luc VII : 6-10, Matt. VIII : 5-13, Jean IV : 46-53.

La technique du traitement à distance est décrite ici d'une façon aussi belle que simple. On nous dit comment prier pour autrui, comment projeter notre *parole* pour le guérir. Lorsque vous priez pour autrui, lorsque vous donnez ce qu'on appelle un traitement mental, spirituel, vous corrigez simplement dans votre esprit ce que vous entendez et voyez en prenant conscience, en ressentant la liberté de celui pour lequel vous priez. La foi vous vient dès que vous quittez l'interprétation littérale de la vie pour entrer dans son interprétation psychologique, spirituelle.

Beaucoup d'entre vous, tout comme l'auteur du présent livre, ont sans doute été dans l'Armée des Etats-Unis et savent recevoir des ordres. Un soldat est entraîné à obéir implicitement aux ordres de ses officiers supérieurs. Après un entraînement considérable, le soldat est discipliné, c'est-à-dire que son esprit et son corps sont définitivement enclins à certaines actions. L'officier est un homme d'autorité. Il a appris à commander, mais d'abord il a du apprendre à recevoir des ordres ; et il est lui-même sujet à l'autorité de ses supérieurs.

Lorsque vous priez pour autrui, il faut que vous soyez un bon soldat ; il faut que vous appreniez à vous tenir au garde-à-vous et à suivre les ordres qui vous sont donnés. Il faut donner votre attention aux valeurs spirituelles, aux Vérités de la vie et regarder bien droit devant vous (la perception spirituelle) afin de voir celui pour lequel vous priez tel qu'il devrait être, heureux, paisible et libre. Il faut que vous commenciez à discipliner vos pensées, vos sentiments, vos émotions et vos facultés. Vous savez bien que vous pouvez commencer tout en lisant ces lignes. Si vos pensées s'égarent, ramenez-les et dites-leur : « je t'ai dit de porter ton attention sur la santé, sur la paix», ou sur quoi que soit sur lequel vous vous concentrez.

Les serviteurs ce sont vos pensées, vos idées, votre état d'esprit, vos sentiments et vos attitudes mentales. Ils vous servent noblement, selon les ordres que vous leur donnez. Si vous dirigez une maison de commerce, vous donnez des ordres à vos employés et vous vous attendez à ce qu'ils vous obéissent ; vous les payez pour qu'ils se conforment à vos méthodes. De même, vous commandez à vos pensées. Vous êtes le maître et non le serf ou l'esclave ; vous ne devez point permettre aux pensées de haine, de crainte, de préjugés, de jalousie, de rage, etc, ces malfaiteurs, de commander chez vous, de vous inféoder.

Lorsque vous commencez à discipliner votre esprit, vous ne permettez point au doute, à l'anxiété et aux fausses impressions du monde de vous intimider, de vous malmener. Vous conditionnez votre esprit afin de donner des ordres bien définis à vos pensées pour qu'il fixe votre attention sur les buts, les idéals, que vous avez choisis ; de même, vous dirigez, vous canalisez constructivement tous vos sentiments. Vous avez la domination complète. Vous pouvez « visualiser » un sentiment. Il faut vous souvenir que le sentiment fait suite à la pensée, et lorsque vous maîtrisez vos sentiments et votre imagerie mentale, vous dominez vos sentiments.

Aucune personne, rien ne peut vous troubler, vous émouvoir, ni vous faire de mal — ils n'en ont pas le pouvoir. Par exemple, supposez que quelqu'un dise de vous que vous êtes un gredin. Ces dires ne peuvent vous affecter qu'à travers votre propre pensée. C'est votre pensée qui corrobore ou qui refuse cette assertion. En pareil cas votre pensée doit être celle-ci : « La paix de Dieu remplit l'esprit de cet homme . » Vous êtes alors maître du mouvement de votre esprit. Il vous est loisible d'aller dans la colère, la haine ou l'esprit de revanche, ou d'avancer dans la paix, l'harmonie et la bonne volonté.

L'esprit discipliné est accoutumé à absorber un remède spirituel qui s'appelle « à l'unisson de l'Infini ». Dès que vous êtes tenté de réagir négativement, identifiez-vous à votre but. Revenez immédiatement à votre idéal, vous avez alors surmonté ce qui est négatif ; vous êtes victorieux. Vous exercez votre comandement et vous dites à vos pensées (vos serviteurs) *allez et ils vont, venez et ils viennent.*

Vous pouvez vous servir de votre faculté d'imagination à votre guise et imaginer la pauvreté, les pertes et la malchance. Tout aussi bien vous pouvez en la disciplinant, diriger et concentrer votre imagination sur le succès, la santé et aussi sur la prospérité. Ce que vous imaginez, ce que vous ressentez comme étant vrai va se manifester. Que votre imagination devienne donc l'atelier de Dieu, c'est ce qu'elle doit être. Laissez-moi vous donner un exemple d'une imagination mal dirigée. Une mère dont le fils tarde à rentrer, commence à imaginer qu'il a été victime de quelque désastre. Son imagination déréglée lui représente la vision frappante de son fils sur un lit d'hôpital, ou bien elle dramatise quelque accident. *Cette mère peut projeter sa parole et guérir son fils aussi bien qu'elle-même.* Il faut qu'elle apprenne à prier scientifiquement, à devenir un bon soldat qui sait obéir aux ordres qu'il reçoit.

Vous êtes dans les *Saints Ordres* (1) lorsque vous priez. Votre ego a capitulé ainsi que l'orgueil intellectuel de vos propres pensées, de vos opinions et de vos perpectives, cédant à la Sagesse-Dieu qui est en vous. Vous êtes sous des ordres qui vont à présent amener l'harmonie, la santé, la paix, la joie, l'intégrité et la beauté dans le monde. Car vous êtes ici pour laisser briller votre lumière. Il faut que vous ayez la foi et la confiance complète dans l'Omnipotence, l'Omniscience et dans l'Amour illimité de l'Infini qui ne cherche qu'à S'exprimer. Identifiez-vous mentalement et émotionnellement à Dieu. Vous sentez et vous savez que vous êtes un canal pour la manifestation de tous

(1) Voir mon livre « *Renaître* ». Chapitre 5.

les attributs, de toutes les qualités et de toutes les puissances de Dieu, vous sentez que Dieu coule à travers vous en tant qu'harmonie, paix, santé, joie et abondance. En prenant l'habitude de cette qualité de prière, en répétant fréquemment, en affirmant ces Vérités, votre esprit va s'imprégner des Vérités Eternelles et vous allez vous trouver sous une divine contrainte, obligé à ne manifester que ce qui est bon, beau et véritable. Vous vous êtes placé vous-même dans les *Saints-Ordres,* c'est-à-dire les ordres de l'Unique-Dieu. Vous devenez un homme dirigé par Dieu, un homme divinement ordonné dont la seule mission au monde est de suivre les ordres de *l'Unique qui habite l'Eternité et dont le nom est Parfait.*

A quels ordres obéissez-vous ? *Vous êtes les serviteurs auxquels vous vous rendez, des serviteurs pour obéir.* Quelle que soit l'idée à laquelle je cède, à laquelle je m'adonne, cette idée va me dominer, me maîtriser et me contraindre à agir selon sa qualité, que ce soit vers la frustration ou l'expression parfaite.

Dans le cas que je citais tout à l'heure, à quel ordre croyez-vous que cette mère obéissait en entretenant toutes sortes d'inquiétudes au sujet de son fils — le bombardant d'un barrage de négations et d'appréhensions qui l'aurait conduit aux pires catastrophes si elle avait continué ? Cette femme était subjuguée par ses pensées de crainte et d'anxiété ; autrement dit, les malfaiteurs en son esprit l'intimidaient et la réduisaient à la panique.

Commencez à *étendre votre main* en réalisant qu'il n'y a point de limite à vos possibilités. Sentez et croyez que Dieu est votre Associé Silencieux, vous conseillant, vous dirigeant et vous gouvernant. C'est ainsi que votre vie deviendra merveilleuse et pleine de satisfactions. Elle sera aussi plus utile et plus constructive ; commencez à vous connaître vous-même. Faites l'essai de l'étonnante Puissance de la Vraie prière telle que l'enseigne chaque chapitre de ce livre. En vous abandonnant à la Sagesse-Dieu, vous vivrez une vie meilleure que tout ce que vous avez pu rêver.

Lève-toi, prends ton lit (votre nouvelle attitude mentale) *et marche,* marchez sur la terre radieux, heureux et libres.

Lorsqu'il fut près de la porte de la ville, voici, on portait en terre un mort, fils unique de sa mère, qui était veuve ; il y avait avec elle beaucoup de gens de la ville. Le Seigneur, l'ayant vue, fut ému de compas-

sion pour elle et dit : ne pleure pas ! Il s'approcha et toucha le cercueil, ceux qui le portaient s'arrêtèrent. Il dit : Jeune homme, je te le dis, lève-toi ! Et le mort s'assit et se mit à parler. Luc VII : 12-15.

Ceci est la description d'un merveilleux drame psychologique. *L'homme mort* c'est votre désir que vous n'avez pas su réaliser. En déclarant que vous êtes maintenant ce que vous aspirez à être, vous ressuscitez *l'homme mort* en vous.

Il vous est fait selon votre foi. Croire quelque chose c'est l'accepter comme étant vrai. On nous dit que l'homme mort était le fils d'une veuve. Une *veuve* est une femme dont le mari est mort ; lorsque nous ne sommes pas mariés mentalement et émotionnellement à Dieu et à Ses Vérités, nous sommes vraiment morts à la paix, à la joie, à la santé, au bonheur et à l'inspiration. Une vraie veuve est celle dont le mari est Dieu, le Bien, et qui n'est pas gouvernée par le témoignage des sens et les croyances du monde. Le *fils,* le désir d'une telle femme, ne reste pas mort parce qu'elle se tourne vers son Seigneur qui est la Puissance Créatrice en elle, et lorsque la porte de ses cinq sens est close, elle rejette complètement ce que ses sens nient. Silencieusement et avec amour elle se déclare et se sent libre d'être ce qu'elle aspire à être, sachant dans son cœur que son Seigneur (l'Esprit intérieur) va honorer, va valider sa déclaration. Elle vit, se meut et a son être dans l'atmosphère mentale de l'acceptation complète, et tandis qu'elle continue de qualifier ainsi sa conscience, elle atteint une conviction intérieure par laquelle elle ressuscite *l'homme mort* en elle. Son état intérieur triomphant est son Seigneur qui commande à *l'homme mort :* Jeune homme, je te le dis, lève-toi.

Ceci est la manifestation de sa création subjective, c'est-à-dire la joie de la prière exaucée. Tout ce que nous nous approprions, tout ce que nous assimilons dans notre conscience, nous le ressuscitons. Lorsque l'Évangile nous dit que *le mort s'assit et se mit à parler,* cela signifie que lorsque votre prière est exaucée, vous parlez une langue nouvelle. L'homme malade qui est guéri se met à parler la langue de la santé joyeuse et irradie sa joie intérieure. Nos espoirs morts et nos désirs parlent lorsque nous portons témoignage à nos croyances intérieures, profondes.

Comme corollaire à ceci, je voudrais vous raconter l'histoire d'un jeune homme que je vis en Irlande il y a quelques années. C'est un de mes parents éloignés et il se trouvait dans un état comateux ; ses reins n'avaient pas fonctionné depuis deux jours. J'allai le voir, accompagné d'un de mes frères. Je savais qu'il était un catholique convaincu et je lui dis : « Jésus est ici même et vous le voyez. Il étend sa main vers vous et vous l'impose ». Je répétai ceci plusieurs fois, lentement, doucement et positivement. Inconscient qu'il était, il ne savait pas que nous étions présents. Il s'assit sur sont lit, ouvrit ses yeux et dit : « Jésus était ici ; je sais que je suis guéri ; je vivrai ».

Que s'était-il passé ? Le subconscient de cet homme avait accepté ma déclaration que Jésus était là et son subconscient avait projeté cette forme-pensée, c'est-à-dire le concept de Jésus que cet homme se représentait, concept basé sur ce qu'il voyait à l'église en des statues, des peintures, etc. Mon parent crut que Jésus était là dans sa forme physique et qu'il lui avait imposé les mains.

Les lecteurs de ce livre n'ignorent pas que l'on peut faire croire à un homme en état d'hypnose que son grand'père est devant lui et qu'il le verra clairement. Il verra ce qu'il croit être son grand-père. Son subconscient projette l'image de ce grand-père basée sur sa mémoire subconsciente. On peut dire à ce même homme : « Lorsque vous sortirez de l'hypnose, vous accueillerez votre grand-père et vous lui parlerez ».

Il obéit très exactement. C'est ce qui s'appelle une hallucination subjective. La foi suscitée en mon parent, catholique fervent, basée sur sa ferme conviction que Jésus venait le guérir, fut le facteur de sa guérison. Il nous est toujours fait selon notre foi, c'est-à-dire selon notre conviction mentale. Le subconscient est soumis à la suggestion même lorsque le sujet est inconscient ; l'esprit subjectif peut recevoir et suivre la suggestion d'un tiers. Dans un sens on pourrait dire de cet incident qu'il s'agit de la *résurrection d'un mort.* C'est la résurrection de la santé, de la foi, de la confiance et de la vitalité. Nous ne devons jamais laisser l'espérance, la joie, la paix, l'amour et la foi de Dieu mourir en nous ; cet état d'esprit-là est la vraie mort. Il faut que nous mourions à la crainte, à l'ignorance, à la jalousie, à l'envie, à la haine, etc. Il faut que nous fassions mourir ces états par l'inanition. Lorsque la crainte meurt, il n'y a plus place que pour l'amour. Lorsque l'ignorance meurt, il n'y a plus place que pour la sagesse.

Un jour, Jésus monta dans une barque

avec ses disciples. Il leur dit : passons de l'autre côté du lac. Et ils partirent. Pendant qu'ils naviguaient, Jésus s'endormit. Un tourbillon fondit sur le lac, la barque se remplissait d'eau et ils étaient en péril. Ils s'approchèrent et le réveillèrent, en disant : Maître, maître, nous périssons ! S'étant réveillé, il menaça le vent et les flots qui s'apaisèrent, et le calme revint. Luc VIII : 22-24.

On nous apprend ici à maîtriser nos émotions et à guérir la turbulence de l'âme. Cette histoire est celle de nous tous, pas seulement celle des hommes qui se trouvaient dans cette barque, parce que nous voyageons toujours, psychologiquement parlant. Lorsque nous sommes aux prises avec une difficulté, nous cherchons une réponse, une solution. Lorsque nous sommes dans la crainte, il faut voyager vers la foi. Tout voyage commence d'abord dans l'esprit, le corps ne fait que le suivre. Le corps ne peut rien faire et ne peut aller nulle part sans l'accord et la direction de l'esprit. La conscience est la seule puissance et la seule action. La conscience de l'homme est en perpétuel mouvement. Notre esprit est toujours actif, même lorsque nous dormons.

Nos *disciples* sont nos attitudes mentales,

notre humeur, et les facultés qui nous accompagnent partout où nous allons. Il ne faut point laisser *Jésus s'endormir dans le bateau.* Pour comprendre la Science de la Vie que nous expose la Bible, il nous faut regarder *Jésus, la barque, le vent, les vagues* et les *disciples* comme des personnifications des vérités, des facultés, des états d'esprit et des pensées humains. Votre *Jésus* est votre conscience de la Divine Puissance qui est en vous, qui vous permet d'accomplir ce que vous souhaitez, d'atteindre vos objectifs. Votre connaissance des lois de l'esprit et votre usage des lois mentales et spirituelles sont votre *Sauveur* c'est-à-dire les solutions dont vous avez besoin en tout temps, partout. Il ne faut point permettre à *Jésus de s'endormir dans la barque.* Ce qui signifie que vous ne devez pas avancer dans l'insouciance avec les *vents* (les opinions humaines) les *vagues* (les craintes, les doutes, l'envie, la haine, etc.) de l'entendement extérieur. Le lac c'est votre esprit ; lorsque votre esprit est tenté, la sagesse et les idées de Dieu s'élèvent à la surface de votre esprit. L'esprit qui est centré en Dieu sent Sa paix couler à travers lui et il est plein d'équilibre, de calme et de sérénité. La *tempête* représente la crainte, la terreur, l'angoisse qui s'emparent parfois de l'homme, le faisant vaciller, hésiter et trembler d'anxiété. Il se trouve écartelé ; sa crainte le retient en arrière et l'empêche d'avancer.

Que faites-vous lorsque la crainte et la limitation s'emparent de votre esprit ? Prenez conscience de ce que, lorsque vous regardez votre désir, vous voyez votre *Sauveur,* c'est-à-dire, la solution en votre esprit. Votre *Sauveur* frappe constamment à la porte de votre esprit. Peut-être êtes-vous un fonctionnaire qui se dit : « Oh, moi, je ne puis gagner plus d'argent ; j'ai atteint mon bâton de maréchal ». En vous disant cela vous contemplez les *eaux* de la confusion et le doute surgit en vous. Ne vous permettez pas d'être submergé par ces émotions négatives. Eveillez votre *Sauveur,* ranimez en vous-même le don de Dieu. (1)

Voici comment il faut procéder : Prenez tout d'abord conscience que le désir, l'idéal, le projet ou le but que vous souhaitez réaliser ou atteindre est définitivement une réalité en esprit, bien qu'invisible ; prenez ensuite conscience de ce que, en vous unissant mentalement à votre désir, vous pouvez définitivement et positivement marcher au-

(1) Allusion à II Timothée 1 : 6. N. T.

dessus des eaux turbulentes de la crainte et de l'hésitation. Votre foi est votre sentiment, votre conscience de ce que ce pour quoi vous priez est une réalité de l'esprit, sous forme d'une idée ou d'un désir. Par le fait même que vous y avez pensé, cela devient réel. Faites confiance à l'image mentale ; elle est réelle. En contemplant sa réalité, vous *marchez sur les eaux* et *vous calmez les vagues* de la peur. Votre peur se calme parce que vous savez que lorsque vous concentrez votre attention sur votre idéal, la Puissance Créatrice de Dieu se fixe au point même de votre attention. A ce moment *vous calmez les vagues.* Vous avez discipliné votre esprit. Vous avez raisonné en vous-même et vous savez que l'idée est toujours réelle. La pensée c'est *la substance des choses qu'on espère, l'évidence des choses qu'on ne voit point,* pour la simple raison que vous croyez dans la possibilité de l'exécution de votre idée. Maintenez vos yeux fixés sur votre but, votre objectif, sachant dans votre cœur que la Toute-Puissance vous soutient dans toutes vos voies. Jamais elle ne vous abandonne. L'esprit subjectif répond à votre pensée et à votre sentiment constructifs ; c'est ainsi que le soutien, la force et la puissance vous sont donnés. Contempler les *va-*

gues de la peur, des fausses croyances et de l'erreur, c'est sombrer. Élevez votre regard et vous irez là où est votre vision. Votre esprit ordonné, votre foi, votre confiance vous permettent de marcher sur les eaux de la vie vers les *verts pâturages* et les *eaux tranquilles.* (1) Vous pouvez *commander aux vents et aux vagues,* et ils vous obéiront.

Lorsque Jésus fut descendu à terre, il vint au devant de Lui un homme de la ville qui était possédé de plusieurs démons. Depuis longtemps il ne portait point de vêtements et avait sa demeure non dans une maison, mais dans des sépulcres. Ayant vu Jésus, il poussa un cri, se jeta à ses pieds et dit d'une voix forte : Qu'y a-t-il entre moi et toi, Jésus, Fils du Dieu Très-Haut ? Je t'en supplie ne me tourmente pas. Car Jésus commandait à l'esprit impur de sortir de cet homme dont il s'était emparé depuis longtemps ; on le gardait lié de chaînes et les fers aux pieds, mais il rompit les liens et il était entraîné par le démon dans les déserts. Jésus lui demanda : Quel est ton nom ? Légion, répondit-il. Car plusieurs démons étaient entrés en lui. Et ils prièrent Jésus de ne pas leur ordonner d'aller dans

(1) Allusion au 23e *Psaume.* N. T.

l'abîme. Il y avait là, dans la montagne, un grand troupeau de pourceaux qui paissaient. Et les démons supplièrent Jésus de leur permettre d'entrer dans ces pourceaux. Il le leur permit. Les démons sortirent de cet homme, entrèrent dans les pourceaux et le troupeau se précipita des pentes escarpées dans le lac et se noya. Ceux qui les faisaient paître, voyant ce qui était arrivé, s'enfuirent et répandirent la nouvelle dans la ville et dans les campagnes. Les gens allèrent voir ce qui était arrivé. Ils vinrent auprès de Jésus et ils trouvèrent l'homme de qui étaient sortis les démons, assis à ses pieds, vêtu, et dans son bon sens ; et ils furent saisis de frayeur. Luc VIII : 27-35, Matt. VIII : 28, Marc V : 1-13.

Ce récit nous fait immédiatement penser à un type de psychose appelé manie dépressive, qui est une forme de dérangement mental caractérisé par l'agressivité destructrice. Dans l'Évangile selon *Marc* nous avons un récit similaire à celui que nous venons de citer où le maniaque est dépeint comme *vivant parmi les tombes.*

Les *pierres tombales* témoignent de la mort, ce qui signifie ici que l'homme vit dans le passé mort, nourrissant quelque vieille rancune jusqu'à ce qu'elle devienne une obsession dans son esprit. L'homme atteint de dérangement mental est celui qui a permis aux malfaiteurs qui ont noms remords, haine, revanche ou pitié de soi, de diriger sa raison, son esprit de discrimination. Nous ne devons jamais abdiquer, jamais permettre aux émotions négatives, destructices, de nous dominer. L'émotion, le sentiment, suit la pensée ; et en donnant à nos pensées une direction nouvelle, nous maîtrisons notre vie émotionnelle. L'homme ne peut visualiser une émotion, il lui faut construire la scène ou l'événement en son esprit et le revivre, c'est ainsi qu'il provoque le sentiment. En psychiatrie, les médecins s'efforcent de corriger les conflits dans leurs malades et de leur donner une nouvelle orientation.

Jésus s'adressant à l'insensé lui demanda, *quel est ton nom ? Et il lui dit : Légion, car plusieurs démons étaient entrés en lui.* Je connaissais un homme à New-York, qui craignait, lorsqu'il entrait dans un bar, que quelque entité mauvaise ne le guette dans l'ombre pour s'emparer de lui. Je ne sais où il avait pris une telle superstition. Cette conviction gouvernait son esprit et fut cause de toutes sortes d'ennuis. Son esprit subjectif, dominé par cette toute-puissante, bien que fausse suggestion, maîtrisa à ce point ses facultés de raisonnement que sa raison abdiqua. Et il fut contraint de subir les effets de sa fausse croyance qui le maîtrisaient. Il se mit à entendre ce qu'il supposa être des voix d'esprits, ne sachant pas qu'en réalité il se parlait à lui-même. Il pensa qu'il conversait avec des entités surnaturelles mais lorsqu'il fut éclairé, il se rendit compte que son subconscient ne faisait qu'obéir aux fausses suggestions de peur, à la croyance en des esprits qu'il avait acceptée si longtemps. Le subconscient assume autant de rôles différents qu'on lui impose, leur nom est *Légion*. Ce malheureux homme s'en fut trouver un prêtre qui se servit du rite prescrit par l'Église pour bannir ses tourments. Il se servit des incantations et des abjurations au nom de Jésus-Christ. Ce rite, cette cérémonie, les prières de l'exorciste infusèrent une grande foi, une grande confiance dans le subconscient de cet homme. Il avait une grande foi dans les pouvoirs de l'Église et dans celui du prêtre pour faire sortir ses soi-disant démons. De son côté l'exorciste avait foi en ce qu'il faisait. Cette foi conjuguée amena une merveilleuse guérison. Le facteur sans prix de ce procédé fut tout simplement la foi qui amena un changement complet dans l'attitude mentale du malade ce qui provoqua la guérison. Sa foi, sans doute, était une foi aveugle mais une foi aveugle est préférable au manque de foi. Les reliques des saints, certaines eaux, les incantations d'un sorcier peuvent impressionner l'esprit subjectif et provoquer une transformation psychologique qui produit la foi et la réceptivité.

La guérison spirituelle, divine, se réfère au fonctionnement harmonieux de notre conscient et de notre subconscient. Notre esprit conscient et subconscient contient tous nos désirs, toutes nos caractéristiques, nos tendances, les impulsions avec lesquelles nous sommes nés. Par le processus de la pensée, par l'éducation et l'expérience nous avons acquis beaucoup d'attitudes et d'habitudes de diverses natures. L'homme est une créature d'habitudes. Lorsque nous commençons à penser intelligemment nous rejetons délibérément toutes les pensées et toutes les opinions négatives. Lorsque nous ne parvenons pas à réaliser un désir, un idéal, nous sommes remplis de crainte et de frustration ce qui nous donne des impressions inconscientes. Ces tendances, ces impulsions périmées cherchent à s'extérioriser. Ces émotions destructrices se manifestent en tant que conflits intérieurs ; s'ils ne sont pas résolus, la désorganisation de la mentalité s'ensuit et le désordre complet de l'esprit en résulte.

Notre être subjectif cherche sans cesse à maintenir en nous l'équilibre ; lorsque nos craintes, nos tensions et nos conflits intérieurs deviennent insupportables, la nature, c'est-à-dire notre Moi divin, nous fait complètement perdre la conscience de nos problèmes ; c'est ce qu'on appelle la démence. L'esprit est alors détourné, détaché de la tension et de la contrainte qui ont provoqué le désordre. Lorsque nous ne savons pas choisir entre le bien et le mal, le déséquilibre en résulte. Nous ne devons pas chercher à résoudre nos problèmes sans la Sagesse et la Puissance Divine. Le désordre mental est tout simplement l'expression des impulsions réprimées, des conflits profonds trop lourds à supporter. Un complexe est un groupe d'idées puissamment chargées d'émotion qui cherche à s'exprimer.

Celui qui est plein de haine et de préjugés vit *dans les sépulcres.* Mais lorsque haines et préjugés sont décelés et mis à la lumière de la raison, ils se dissipent. En langage biblique, vous êtes alors Jésus, chassant les démons de la haine, des préjugés et de la jalousie. Ces complexes odieux se cachent toujours dans *le sépulcre,* c'est-à-dire le subconscient. Lorsque l'homme refuse de reconnaître ses préjugés, ses rancunes et ses ressentiments à la lumière de la raison, lorsqu'il ne veut pas en démordre, ces idées s'enfondent dans son subconscient et il est ligoté par les chaînes de la peur, de l'ignorance et de toutes sortes d'obsessions. Lorsque nous nourrissons des rancœurs, des sentiments de vengeance, des préjugés et des remords, ils sombrent dans la partie inconsciente de notre esprit où, tel un feu incandescent, ils se tiennent prêts à faire, tôt ou tard, explosion. Mais si nous reconnaissons les dangers de ce feu qui couve, si nous agissons avec intelligence, nous nous libérons et revenons à une existence normale.

C'est notre nature émotionnelle qui détient la toute puissance. Il serait bon pour chacun de se bien regarder en face afin de déterminer si les défauts que nous critiquons si âprement chez autrui ne se trouvent point en nous-mêmes. Lorsque le récit biblique que nous étudions dit que le dément s'assit aux pieds du Maître, il dépeint la compréhension que nous avons des lois de l'esprit et de leurs fonctions.

Quand on vous demande de prier pour

un dément qui est à l'asile, vous ne pouvez obtenir sa collaboration. Cet homme a cessé de raisonner, de discriminer. En fait il est gouverné par les spectres qui arpentent les sombres méandres de son subconscient. Il vous faut, en pareil cas, faire tout seul le travail spirituel. Vous avez à vous convaincre vous-même de sa libération, de sa paix, de son harmonie, de sa compréhension. Vous pouvez, par exemple, prier comme suit deux ou trois fois par jour : « Je décrète pour Jean Durand que l'intelligence, la sagesse, l'harmonie et la paix de Dieu se manifestent en lui et qu'il est libéré, radieux et heureux. Il est à présent revêtu de son bon sens. L'Entendement de Dieu est l'Entendement Unique, Réel et Eternel ; cet entendement est le sien et il est équilibré et serein, calme, détendu et à l'aise. Il est plein de foi en Dieu, en la vie et en toutes bonnes choses. Je le décrète, je le sens et je le vois sain et parfait à l'instant. Merci, Père ».

En vous répétant à vous-même ces Vérités, en prenant conscience qu'il n'y a qu'un entendement, peu à peu vous atteindrez, par l'imagination fréquente, une dominante conviction ; et l'homme pour lequel vous priez sera, dans cet instant, guéri. Dans un cas comme celui-ci, toute la guérison doit se faire dans l'esprit du praticien spirituel. Celui-ci ne doit à aucun moment donner d'importance ou de puissance aux symptômes que présente le malade, pas plus qu'aux pronostics qui ont été faits sur son cas. Il faut qu'il s'appuie exclusivement sur l'opération du Principe de Vie qui répond éternellement à la foi et à la confiance qu'on lui témoigne. Lorsque vous priez pour un être, vous quittez le plan du temps et de l'espace, le plan des apparences et des circonstances, vous vous détournez du verdict du monde et vous jugez selon le jugement juste. Ce qui signifie que vous parvenez à la conclusion que l'Homme Intérieur (la Présence Spirituelle, Divine) ne peut être malade, troublée ou démente. Rien ne peut attenter à la Sagesse, à la Paix, à l'Harmonie, à l'Intelligence ou à l'Amour Divin. L'homme intérieur possède toutes ces qualités et attributs, et le praticien, par la méditation sur la Vie Eternelle, l'entendement parfait et la paix absolue du malade mental, dissipe et dissout la brume des opinions invétérées et des pensées fausses qui séparent l'homme de la Paix de Dieu. Prenez dès à présent conscience de la Toute-Puissance qui est Invisible et Intangible. Faites votre travail spirituel dans le calme ; vous verrez disparaître les apparences et le chef d'œuvre apparaîtra dans toute sa gloire.

Le récit biblique nous dit que *les démons sortirent de l'homme et entrèrent dans les pourceaux et le troupeau se précipita des pentes escarpées dans le lac, et se noya.* Les pourceaux furent symboliquement choisis parce qu'ils se décapitent en nageant ; de même, lorsque nous commençons à nager psychologiquement dans les eaux de la vie, nos pensées négatives, nos désarrois (les démons) meurent faute de foi. Le passé meurt pour vous lorsque vous cessez d'y penser. Si vous avez le sentiment de ne pas pouvoir accomplir ce que vous souhaitez ou de ne pas pouvoir guérir, vous vous retournez vers le passé, vous vivez *parmi les sépulcres.* N'écoutez point ces messagers du passé. L'idéal ou le désir qui vous appelle, qui vous dit : « Lève-toi, avance, accomplis », est le sauveur qui parcourt les méandres de votre esprit. Acceptez cet idéal comme étant vrai dès maintenant et avancez comme si vous en possédiez la manifestation. Vous êtes alors *revêtu* de votre bon sens, et une vague de paix vous inonde parce que vous comprenez que ce que vous cherchez existe déjà. Voilà pourquoi la Bible dit : « *Levez les yeux et regardez les champs ; car ils sont déjà blancs pour la moisson ».*

« Et voici, il vint un homme nommé Jaïrus, qui était chef de la synagogue. Il se jeta aux pieds de Jésus et le supplia d'entrer dans sa maison, parce qu'il avait une fille unique d'environ douze ans qui se mourait. Pendant que Jésus y allait, il était pressé par la foule.

Or il y avait une femme atteinte d'une perte de sang depuis douze ans, et qui avait dépensé tout son bien pour les médecins, sans qu'aucun eût pu la guérir. Elle s'approcha par derrière et toucha le bord du vêtement de Jésus. Au même instant la perte de sang s'arrêta. Et Jésus dit : Qui m'a touché ? Comme tous s'en défendaient, Pierre et ceux qui étaient avec lui dirent : Maître, la foule t'entoure et te presse, et tu dis : Qui m'a touché ? Mais Jésus répondit : Quelqu'un m'a touché, car j'ai connu qu'une force était sortie de moi. La femme se voyant découverte, vint toute tremblante se jeter à ses pieds, et déclara devant tout le peuple pourquoi elle l'avait touché, et comment elle avait été guérie à l'instant. Jésus lui dit : Ma fille, ta foi t'a sauvée ; va en paix.

Comme il parlait encore, survint de chez le chef de la synagogue quelqu'un disant :

Ta fille est morte ; n'importune pas le Maître. Mais Jésus, ayant entendu cela, dit au chef de la synagogue : Ne crains rien, crois seulement, et elle sera sauvée. Lorsqu'il fut arrivé à la maison, il ne permit à personne d'entrer avec lui, si ce n'est à Pierre, à Jean et à Jacques, et au père et à la mère de l'enfant. Tous pleuraient et se lamentaient sur elle. Alors Jésus dit : Ne pleurez pas ; elle n'est pas morte, mais elle dort. Et ils se moquaient de lui, sachant qu'elle était morte. Mais il la saisit par la main, et dit d'une voix forte : Enfant, lève-toi. Et son esprit revint en elle, et à l'instant elle se leva ; et Jésus ordonna qu'on lui donnât à manger. Luc VIII : 41-55, Matt. 9 : 20-22, XIV : 35-36, Marc V : 28-34.

Tous ces récits sont psychologiques et doivent être interprétés comme tels. Vous êtes *Jaïrus* qui symbolise la pensée qui domine votre esprit ; *vous vous jetez aux pieds de Jésus,* c'est-à-dire vous commencez à comprendre qu'en vous basant sur votre nouvelle connaissance de la Puissance de Dieu qui vous habite, vous pouvez ressusciter *l'enfant mourante.* Cette *fille mourante* représente vos ambitions, le désir de votre cœur. Jésus, Jaïrus, la jeune fille, la femme à la perte de sang, Pierre. Jacques et Jean

— tous ces personnages sont en chacun de nous et ce récit est celui de chacun. Notre *fille* (notre désir) se meurt parce que nous manquons de foi pour la ressusciter. *Une femme qui a une perte de sang* ne peut procréer, ne peut concevoir. Un utérus qui saigne n'est absolument pas capable de former un corps. *Femme* signifie émotion, sentiment. Lorsque nos sentiments se déchaînent, lorsqu'ils sont indisciplinés, symboliquement nous *saignons de l'utérus.* Notre énergie, notre vitalité se perdent à cause de la peur, de l'inquiétude et du doute. *L'utérus* (l'esprit) doit être fermé pour être à même de procréer.

Lorsque vous entrez en vous-même et fermez la porte de vos sens à toutes les apparences objectives pour prendre conscience d'être ce que vous aspirez à être, vous fermez votre *utérus* (votre esprit) et vous allez réussir à donner forme à votre idée ou à votre projet. Votre pensée est créatrice ; lorsque vous vous mettez à penser à ce que vous désirez exprimer, la Puissance Créatrice de Dieu répond et, si vous restez fidèle à votre nouvelle image mentale, vous ressusciterez votre enfant. Vous sentez, dans votre cœur, que *l'enfant n'est point mort* et que vous pouvez le faire lever. Votre nouvelle attitude d'esprit qui est votre foi, ferme *l'utérus.*

Ta foi t'a guéri. La foi vient lorsque l'on comprend qu'il n'y a qu'Une Souveraine et Suprême Puissance qui peut tout parce qu'elle est Toute-Puissante. Tandis que nous donnons toute notre attention à la Vérité en ce qui concerne cette Unique Puissance de l'Amour, de la foi et de la bonne volonté et faisons confiance à notre sagesse subjective qui va nous révéler la solution de tous nos problèmes. La foi est à sens unique. Trop de personnes prêtent l'oreille ou accordent leur attention aux mensonges, aux superstitions, aux faux concepts de toutes sortes. Il n'en résulte que la plus entière confusion.

Quelqu'un m'a touché ; car j'ai connu qu'une force était sortie de moi. Vous pouvez, mentalement et émotionnellement toucher la foi, l'amour, la joie et la paix. Lorsque vous vous appropriez mentalement l'idée de la santé parfaite, la Présence Curative répond et vous êtes guéri — c'est la force qui sort des profondeurs de votre être.

Le récit nous rapporte *qu'ils se moquèrent de lui.* N'est-il pas vrai que vos cinq sens se rient de vous ? Ne vous mettent-ils pas au défi disant, « Cela ne se peut pas », ou bien, « C'est impossible ». Voilà pourquoi il faut suspendre vos sens et diriger votre esprit afin de porter votre attention vers une nouvelle image mentale et, tandis que vous enveloppez votre désir avec amour, vous vous unissez à lui. Ceci est la signification du fait que Jésus prit *Pierre, Jacques et Jean avec Lui pour entrer dans la maison.* La *maison* c'est votre esprit, votre conscience. Votre JE SUIS — votre conscience d'Etre — est le père et la mère de toutes vos idées, de tous vos désirs, de tous vos concepts, de toutes vos impulsions. *Pierre* symbolise la foi de Dieu ; *Jacques* le jugement juste, c'est-à-dire la faculté de n'entendre que les bonnes nouvelles ; *Jean* c'est l'amour, c'est-à-dire le sentiment d'être uni à ce que l'on aime. Nous sommes accompagnés de ces trois qualités lorsque nous reconnaissons pour vrai ce qui n'est pas accessible à nos sens. Notre raison et nos sens peuvent nous porter à douter, à ridiculiser, à mépriser et à rire de ce qui les dépasse ; si nous consentons à entrer en nous-même, sachant que l'Omnipotence nous habite, alors à la face même du monde incroyant, nous ferons la démonstration de notre désir parce que nous sommes mûs par la foi et *il nous est fait selon notre foi.*

CHAPITRE IV

VOTRE PRÉSENCE CURATIVE

Et voici du milieu de la foule un homme s'écria : Maître, je t'en prie, porte tes regards sur mon fils unique. Un esprit le saisit, et aussitôt il pousse des cris ; et l'esprit l'agite avec violence, le fait écumer, et a de la peine à se retirer de lui, après l'avoir tout brisé. J'ai prié tes disciples de le chasser, et ils n'ont pas pu. Race incrédule et perverse, répondit Jésus, jusques à quand serai-je avec vous et vous supporterai-je ? Amène ici ton fils. Comme il approchait, le démon le jeta à terre et l'agita avec violence. Mais Jésus menaça l'esprit impur, guérit l'enfant et le rendit à son père. Et tous furent frappés de la grandeur de Dieu. Luc IX : 38-43. Passages corrélatifs : Matt XVII : 14-21. Marc IX : 17-29.

Les évangiles de Marc et de Matthieu relatent des faits corrélatifs qui semblent définitivement indiquer qu'il s'agit ici de la maladie connue aujourd'hui sous le nom d'épilepsie. Bien entendu, si nous prenons cette histoire au sens littéral, nous penserons à une possession démoniaque, ce qui était la croyance populaire en ce temps-là. L'enfant est terrassé ; il écume et se tord sur le sol, en proie aux convulsions. La Bible ne parle pas d'épilepsie. Ce mot est dérivé du grec *epilepsia,* qui signifie maladie caractérisée par des crises convulsives. Les grecs appelaient l'épilepsie la maladie sacrée parce qu'elle était supposée guérir sous les effets de la lune. Dans la symbologie antique la lune représentait le subconscient. Le soleil symbolisait l'intellect illuminé, le conscient rempli de sagesse.

En d'autres termes la Bible dit que l'enfant atteint d'épilepsie avait un foyer d'infection au subconscient qui était cause de ses crises convulsives. *Pendant le jour le soleil ne te frappera point, ni la lune pendant la nuit.* La psychologie et la psychiatrie moderne démontrent définitivement que les désordres mentaux et physiques ont leurs origines dans les profondeurs de l'entendement, inconscient ou subconscient.

La peste des ténèbres ce sont les prototypes subconscients négatifs. En nous tournant vers la Présence-Dieu qui nous habite, en faisant appel à la Puissance et à la Bonté de Dieu, nous mettons à l'œuvre son action dans notre vie. Nous faisons preuve d'allégeance, de dévouement et d'amour envers Dieu en nous identifiant à Ses qualités et en refusant absolument de reconnaître le mal comme ayant aucune puissance sur nous. A cause de notre foi dans l'Unique Puissance, nous revendiquons Son Harmonie Parfaite et la Paix Parfaite qui est Sa volonté.

Hippocrate, environ 400 ans avant notre ère, reconnut ce type de désordre mental, l'épilepsie, qui passait alors pour être infligé par des êtres divins. Il ridiculisa les superstitions de son époque, soutenant que cette maladie ne pouvait être d'origine divine pour la simple raison qu'elle était guérie par les purifications et les incantations diverses qui étaient alors en vogue. Un psychiatre ami m'a dit que l'étude qu'il fit d'Hippocrate lui démontra que le célèbre médecin avait une merveilleuse connaissance des causes déterminantes de tous les désordres mentaux.

Que l'enfant dont il est question ait été

idiot, sourd et muet ou bien épileptique n'a point d'importance. Lorsque nous prions pour autrui il faut que nous prenions conscience qu'*avec Dieu tout est possible.* L'Evangile selon Marc dit que ce type de maladie est guéri par *la prière et le jeûne.* Le *jeûne* symbolise l'abstention du témoignage des sens, des symptômes, des croyances inhérentes à la race humaine. Il faut que nous jeûnions, c'est-à-dire que nous rejetions mentalement le banquet empoisonné des témoignages objectifs.

Où donc cette guérison s'opéra-t-elle ? Jésus, le récit en témoigne, eut d'abord à se guérir lui-même de cette maladie, de la croyance en la maladie, qu'elle fut idiotie ou démence, et les résultats extérieurs ne se firent pas attendre. Car c'est *la prière de la foi* qui obtient les résultats. Nous sommes dans l'état de conscience du dérangement mental aussi longtemps que nous le reconnaissons en autrui. Lorsqu'un enfant idiot ou mentalement déficient n'est pas guéri ce n'est point sa faute, la faute en est à l'absence de foi dans les *disciples* (les facultés mentales de ceux ou de celui qui l'assistent). Celui qui prie doit se guérir lui-même du mal qui étreint apparemment l'enfant ; en fait cet état étreint le praticien qui n'est pas encore éveillé à la Vérité. Lorsqu'en pareil cas nous avons un échec, c'est que nous n'avons pas fixé l'œil de notre entendement sur l'incarnation de la santé dont le malade a besoin.

On nous dit que les disciples ne purent guérir l'enfant à cause de leur manque de foi. Il y a, dans les profondeurs du subconscient de la plupart des gens, le sentiment que certaines maladies sont difficiles à guérir ; lorsqu'ils voient un dément, les symptômes de sa maladie, leurs sens sont profondément impressionnés par les difficultés apparentes. Les *disciples* représentent nos propres attitudes mentales, nos facultés, nos opinions. Et il faut nous détacher complètement du témoignage des sens pour nous identifier à la Présence Curative Omnipotente, sans accorder la moindre attention aux apparences et aux symptômes. Et tandis que nous nous détournerons des apparences pour contempler la Majesté divine intérieure, la puissance, la foi, la confiance se traduiront par l'élévation de notre état de conscience.

Voici un traitement dont je me sers pour la démence ou les autres désordres mentaux. M'étant recueilli, je prononce le nom du malade, puis, pendant trois ou quatre minutes, je pense à Dieu, fixant ma pensée sur la Paix Infinie, l'Harmonie, L'Intelligence Divine, l'Amour Divin et Sa Sagesse. En même temps j'affirme que ce qui n'est pas vrai de Dieu ne l'est pas davantage en ce qui concerne celui pour lequel je prie. Je m'efforce de *sentir* que tout est ordre, harmonie, béatitude, paix et joie, dans son esprit. Ainsi faisant je crée en moi-même une atmosphère mentale, un état de conscience de paix, de santé et d'harmonie. Lorsque je sens que j'ai fait de mon mieux, j'arrête et je prononce la personne guérie. Il se peut que je répète ce traitement deux ou trois fois par jour òu bien aussi souvent que j'en reçois l'inspiration, priant toujours comme si je ne l'avais jamais fait. Si j'obtiens seulement une réalisation partielle, la personne en question se sentira mieux. L'essentiel est de persévérer jusqu'à ce que *le jour se lève et que les ombres fuient* dans notre propre esprit.

L'essentiel, lorsque nous prions pour les autres, est de parvenir au sentiment de joie intérieure et Dieu fera le reste. Dans la prière il faut que nous allions au *ciel ;* ce qui veut dire entrer dans la paix, dans le repos intérieur. Lorsque nous entrerons fréquemment dans ce *ciel,* nous le verrons s'établir sur la terre.

Jésus enseignait dans une des synagogues, le jour du sabbat. Et voici, il y avait là une femme possédée d'un esprit qui la rendait infirme depuis dix-huit ans ; elle était courbée et ne pouvait aucunement se redresser. Lorsqu'il la vit, Jésus lui adressa la parole, et lui dit : Femme, tu es délivrée de ton infirmité. Et il lui imposa les mains. A l'instant elle se redressa, et glorifia Dieu. Mais le chef de la synagogue, indigné de ce que Jésus avait opéré cette guérison un jour de sabbat, dit à la foule : il y a six jours pour travailler ; venez-donc vous faire guérir ce jour-là, et non pas le jour du sabbat. Hypocrites ! lui répondit le Seigneur, est-ce que chacun de vous le jour du Sabbat, ne détache pas de la crèche son bœuf ou son âne pour le mener boire ? Et cette femme qui est la fille d'Abraham et que Satan tenait liée depuis dix huit ans, ne fallait-il pas la délivrer de cette chaîne le jour du sabbat ? Luc. XIII : 10-16.

Depuis des générations innombrables on a imposé les mains pour guérir, beaucoup d'églises de toutes dominations pratiquent l'imposition des mains et j'ai vu des guérisons remarquables obtenues par ce moyen.

Certaines personnes disent qu'elles sont douées et que leurs mains sont *des mains qui guérissent.* Naturellement, si elles croient qu'elles possèdent ce don divin de guérison, il leur est fait selon leur foi. La vérité est que nous le possédons tous. Ce n'est point une prérogative divine accordée à quelques-uns. La Présence Curative opère en vous vingt quatre heures par jour. Avez-vous pensé à toutes les ecchymoses, à toutes les écorchures que vous eûtes lorsque vous étiez jeune ? N'avez-vous pas remarqué l'Intelligence Infinie qui agissait alors ? Elle formait la fibrine, fermait la plaie, créait de nouvelles cellules, et la guérison complète s'ensuivait. Et peut-être ne vous en aperceviez-vous pas. L'Intelligence qui vous anime renouvelle constamment votre corps et la foi accélère considérablement sa Puissance curative, à tel point que vous pouvez être guéri instantanément.

La Bible nous dit que la femme dont nous venons de lire l'histoire fut guérie le jour du sabbat. Beaucoup de personnes pratiquent le sabbat, le repos hebdomadaire, du point de vue littéral, pensant que c'est un péché que d'enfoncer un clou ce jour-là ou de faire un travail quelconque. Certains extrémistes vont jusqu'à ne pas manipuler d'argent le dimanche, ou le samedi s'ils sont juifs. Tout cela ne rime à rien. Le *sabbat* c'est le calme, la tranquillité intérieure, la certitude intérieure dans laquelle l'homme se rappelle la proximité de la Présence — Dieu, dans toutes les circonstances critiques, à chaque instant, partout. Vous êtes *dans le sabbat* lorsque votre esprit accepte l'exaucement de votre prière. Lorsque vous méditez et priez et que vous parvenez à atteindre le point de la paix intérieure, votre prière est exaucée. Vous êtes alors parvenu au septième jour, à la septième heure qui symbolise psychologiquement le moment de la conviction. Vous êtes dans le *sabbat* lorsque votre cœur est enflammé par la Gloire de Dieu et la certitude de Sa réponse et, à ce moment, vous ressentez une transfusion d'énergie, de puissance, de vitalité divine et instantanée.

Il faut que nous comprenions bien que les manifestations extérieures, les rites, les cérémonies, les préceptes et les ordonnances d'une église ou d'un organisme ne constituent point la vraie religion, la véritable adoration. Un homme peut observer toutes les règles, toutes les prescriptions de son église tout en violant toutes les lois de Dieu dans son cœur. Il peut se rendre chaque jour de la semaine à l'église et n'en être pas moins parfaitement irréligieux. Il faut que nous comprenions bien que la seule transformation qui compte est intérieure, c'est celle du cœur par laquelle nous sommes profondément épris des valeurs spirituelles ; c'est alors que toute crainte et tous nos ennemis, la maladie incluse, disparaîtront.

Lorsque vous avancez dans la conscience de la paix, de la santé et du bonheur, vous êtes, tout au long du jour, dans le *sabbat.* Vous êtes dans le *sabbat* lorsque vous sentez, lorsque vous savez qu'il est impossible que votre prière échoue. Vous demeurez impassible, tranquille, calme et serein parce que vous portez en votre subconscient une impression divine, l'incarnation subjective de votre idéal. Vous savez qu'il y a toujours un intervalle de temps entre l'incarnation subjective et la manifestation objective. Votre certitude intérieure, votre imperturbabilité c'est le sabbat, et *c'est le jour du sabbat que la femme fut guérie.*

Le gouverneur de la synagogue représente la pensée dominante, l'opinion, le point de vue du monde. La *synagogue* c'est votre esprit où s'accumulent les pensées, les sentiments, les états d'esprit, les opinions. Jésus est toujours accessible, ce qui veut dire que lorsque vous contemplez votre désir, vous contemplez en réalité Jésus, c'est-à-dire votre solution, autrement dit : ce qui sauve. *La Femme atteinte de l'infirmité* représente le sentiment de faiblesse, l'état déprimé de la conscience, la croyance subjective en une maladie paralysante. Le mot *femme* signifie la nature émotionnelle, sensitive, le côté subjectif de la vie. Quelle que soit notre maladie, elle représente un prototype de penser négatif, chargé d'émotion dans nos profondeurs subliminales. *Le gouverneur de la synagogue* représente les pensées de peur, les doutes et les arguments qui viennent à notre esprit, s'efforçant de nous détourner de la croyance en Une Puissance qui peut accomplir toutes choses. La discussion s'élève en notre esprit et il nous faut détruire psychologiquement ces pensées hypocrites en leur demandant d'où elles viennent. Y a-t-il derrière elles un principe ? Ne sont-ce point des ombres de notre esprit ? Les pensées de crainte n'ont point de crédit céleste. Détournez-en complètement votre attention, vous les verrez mourir d'inanition. Repaissez-vous de la Toute-Puissance de Dieu, acceptez-la, imaginez que vous êtes entrain d'être guéri. Continuez aussi longtemps que cela vous sera nécessaire et vous entrerez dans le *sabbat,* dans la plénitude de l'acceptation ; c'est alors que vous vous lèverez pour marcher. *Ce sera pour vous le jour du sabbat.*

CHAPITRE V

LES INCURABLES GUÉRIS

Jésus étant entré, un jour de sabbat, dans la maison de l'un des chefs des pharisiens, pour prendre un repas, les pharisiens l'observaient. Et voici, un homme hydropique était devant lui. Jésus prit la parole, et dit aux docteurs de la loi et aux pharisiens : Est-il permis, ou non, de faire une guérison le jour du sabbat ? Ils gardèrent le silence. Alors Jésus avança la main sur cet homme, le guérit, et le renvoya. Puis il leur dit : Lequel de vous si son âne ou son bœuf tombe dans son puits, ne l'en retirera pas aussitôt, le jour du sabbat ? Et ils ne purent rien répondre à cela. Luc XIV : 1-6.

Le *Pharisien* est partout ; c'est le type d'homme qui donne de l'importance aux actes, aux observances extérieures. Il adhère à la lettre de la loi et ne comprend pas l'amour et la compréhension qui se trouvent dans les paroles de l'Evangile. Le *Pharisien* croit que le ventilateur électrique est la cause de son torticolis, les microbes celle de son rhume et qu'un virus caché provoque son influenza. Le temps, les conditions et les circonstances n'influencent l'esprit que d'une manière suggestive seulement. L'homme est le seul penseur dans son univers ; il s'ensuit donc que le ventilateur électrique ne peut l'enrhumer que s'il le croit. Beaucoup de personnes peuvent rester toute la journée sous un ventilateur électrique sans jamais souffrir ni de rhume ni de torticolis. Si l'on accepte la suggestion hypnotique qu'un courant d'air donne un rhume, ce rhume est dû à notre propre pensée. Nous avons le pouvoir de rejeter ou d'accepter la suggestion. Si nous l'acceptons, si elle devient un mouvement de notre esprit, nous ne pouvons nous en prendre qu'à nous-même ; nous avons accepté une idée fausse et ses conséquences.

Le cas d'hydropisie dont parle l'Evangile que nous avons cité est dû à un courant négatif. Lorsque l'esprit est tendu, inquiet, un effet correspondant se produit dans le corps et le désordre des organes d'élimination s'ensuit. Si un homme est possédé par la haine ou par un ressentiment profond, ce désordre, s'il n'est pas endigué, peut se terminer par la désintégration de ses organes vitaux, désintégration due aux effets corrosifs de ces poisons mentaux que sont la haine et le ressentiment. Les états du corps expriment l'attitude mentale, les états de conscience.

Je connaissais un homme à Londres qui était très religieux et tout à fait exempt de mauvaise volonté ou de ressentiment. Cependant il vit mourir son père d'hydropisie, et en ressentit une impression très profonde ; il me dit qu'il avait craint toute sa vie que pareille chose ne lui arrivât. Il ajouta que le médecin pratiquait des ponctions sur son père et tirait de grandes quantités d'eau de son abdomen. La crainte prolongée ressentie par son fils et qui n'avait jamais été neutralisée, était sans aucun doute la cause de l'hydropisie qui se manifestait en lui. Il ignorait la simple vérité psychologique élucidée par Quimby il y a environ cent ans. Quimby dit que si vous *croyez* quelque chose, cette chose se manifestera, que vous y pensiez consciemment ou non. La peur de cet homme devint une croyance, celle de devenir victime de la même maladie dont son père avait été atteint. L'explication que je lui donnai l'aida considérablement. Il prit conscience du fait qu'il avait accepté pour vérité un mensonge, que sa peur était fondée sur une perversion de la vérité ; qu'elle n'avait aucune puissance parce qu'il n'y a point de principe dans la discorde. Il existe un principe de santé, mais aucun de maladie ; il est un principe d'abondance, mais aucun de pauvreté ; un principe d'honnêteté mais non d'erreur ; un principe de beauté mais non de laideur. Sa croyance était la seule puissance qui le dominât. Notre esprit peut agir négativement ou positivement, il peut être influencé par le bien ou le mal.

Cet homme comprit la vérité de sa situation et rejeta le mensonge. Il raisonna et se dit que la Puissance Curative qui l'avait créé était toujours en lui et que sa maladie était due à ses pensées discordantes ; il y mit de l'ordre afin de se conformer au Modèle divin. Avant de s'endormir le soir il affirmait dans le sentiment profond de chacune des paroles qu'il prononçait : « La Présence Curative se met à présent à l'œuvre, transformant, guérissant, renouvelant et contrôlant tous les processus de mon corps selon Sa Sagesse et Sa divine Nature.

Je me repose dans cette connaissance. Je sais que Dieu agit. Il n'y a point d'autre puissance et cette Puissance Curative agit maintenant. » Il répéta chaque soir cette prière pendant trente jours environ. Au bout de ce temps-là son esprit était parvenu à la conviction de la santé. Ce fut *le jour du sabbat* pour lui, le moment de la plénitude complète dans son esprit.

Il y a quelques années j'entendis un sermon très remarquable sur la Guérison Divine. Après le service un membre de la fabrique de cette église dit au prêtre : « C'est très bien de dire « Jésus guérissait », mais ne dites pas que nous pouvons en faire autant ! » Est-il possible d'entendre pareille ignorance en notre temps prétendu éclairé ? L'homme qui parlait ainsi avait été guéri des centaines de fois au cours de son existence. La vie guérit sans cesse nos plaies, nos ecchymoses, nos entorses, nos écorchures. Jamais elle ne nous condamne. Lorsque nous absorbons une nourriture malsaine, le Principe de Vie, qui cherche à nous préserver nous fait régurgiter et S'efforce de nous guérir. Une guérison s'ensuit à condition, comme dit Emerson, « que n'intervienne pas notre prétentieuse insignifiance. »

J'ai connu un Scientiste Chrétien qui absorba un jour par mégarde un poison liquide. C'est un merveilleux praticien qui avait grande foi en la Puissance-Dieu. Il me raconta qu'il se trouvait à plus de cent kilomètres de tout secours de sorte qu'il dut s'en remettre uniquement à sa puissance subjective intérieure. Il se recueillit profondément et dit : « Dieu est dans son Saint Temple et Sa Présence remplit chaque organe et chaque cellule de mon être. Là où est Dieu il y a l'Ordre, la beauté et le fonctionnement parfait. Sa Sainte Présence neutralise tout ce qui ne lui est pas semblable. » Il médita ainsi pendant une heure et, bien qu'il eut été très affaibli, se remit complètement.

Pourrait-on prendre volontairement un poison corrosif en faisant confiance à la puissance subjective pour qu'elle en efface les mauvais effets ? Je ne conseille à personne de tenter cette épreuve. Mais je suis absolument persuadé qu'en cas de danger, par une erreur, l'étudiant sincère de la vérité, se tournant loyalement vers Dieu pour recevoir de l'aide, pourrait en fait prouver ce que dit l'Evangile selon Saint Marc : *Et s'ils boivent quelque breuvage mortel, il ne leur fera point de mal,* et sortir indemne de cette conjoncture.

Il est aussi des poisons mentaux. Les scribes et les Pharisiens sont en nous tous. Ils représentent les lois et les opinions humaines et la croyance que nous sommes punis pour nos péchés, que notre *karma* nous poursuit, que nous avons péché dans une vie antérieure et que nous expions nos fautes. Les pensées pharisianiques se pressent à notre esprit disant : « C'est peut-être la Volonté de Dieu que nous soyons malades. C'est la croix que nous devons porter. » D'autres, qui ont le complexe du martyr, disent : « Dieu m'éprouve, il faut que j'accepte ma souffrance comme étant la Volonté de Dieu. »

La *Volonté* de Dieu est la volonté de la vie, et la vie veut se manifester en tant que santé, harmonie, joie, intégrité, perfection et abondance. La Volonté de Dieu est la Nature de Dieu, qui est Amour sans bornes, Intelligence Infinie, Harmonie Absolue, Paix Parfaite, Joie Infinie, Sagesse Illimitée, Ordre Parfait, Symétrie et Proportion. La Vie ne peut souhaiter la mort. La Paix ne peut vouloir la souffrance. La Joie ne peut désirer la douleur, l'Harmonie la discorde, l'Ordre le désordre, l'Amour la punition, la misère ou la souffrance. Ceux qui disent que Dieu les punit n'auraient jamais l'idée d'accuser leurs parents, de leur attribuer des choses dont ils accusent Dieu. Pour ceux-là les mots *Infiniment Bon et Parfait* semblent n'avoir point de sens.

Bien des maladies font suite à ces fausses croyances car toutes nos croyances tendent à se manifester. Croire que Dieu vous éprouve ou qu'Il vous punit met en action la loi de votre propre esprit pour qu'elle vous apporte le désordre, l'opposition, la maladie et les difficultés de toutes sortes.

C'est pourquoi vous entendez les gens dire qu'ils ont de la malchance. Pour celui qui part de prémices fausses, ses expériences, ses conclusions ne pourront que se conformer à ces fausses prémices. En fait, c'est l'homme qui se punit lui-même. C'est lui qui se donne toutes choses, que ce soit la douleur ou la joie, la souffrance ou la paix.

Jésus, c'est vous, lorsque vous vous servez de votre conscient et de votre subconscient en les synchronisant harmonieusement. Lorsque vous connaissez les lois de votre esprit et lorsque vous les appliquez constructivement, vous êtes le Jésus, l'Homme-Dieu de la Bible, qui ressuscite les désirs morts, qui guérit les pensées aveugles et qui marche triomphalement vers votre but. Vous n'êtes plus aveugle, ni boiteux, ni desseché, ni malade. Voilà pourquoi la Bible dit : *Et il le prit, le guérit, et le laissa aller.*

Dans le présent chapitre j'ai retracé la manière dont un homme s'était guéri lui-même. La même Présence Curative est présente en tout homme. Ce n'est point quelque chose qui existait il y a deux mille ans. Elle est Omniprésente. Vous pouvez vous l'approprier et accomplir ce que nous appelons des miracles dans votre vie. Il faut nous souvenir qu'un miracle ne peut prouver ce qui est impossible. Un miracle est une confirmation de ce qui est possible, de ce qui a toujours été possible et le sera toujours. Car avec Dieu toutes choses sont possibles.

L'amour, la joie et la paix n'eurent point de commencement et n'auront point de fin. L'harmonie a toujours existé. Le Principe de Vie a toujours existé. Il n'appartient pas à un seul homme ; le penser, le dire est le comble de l'absurdité. N'attendez pas que quelque ange ou quelque saint vous guérisse. Ne vous demandez pas si Dieu veut ou non que vous guérissiez. Prenez conscience que vous violez les lois de Dieu qui sont inscrites dans votre cœur et dans votre nature lorsque vous êtes malade, morose, haineux ou pauvre.

Les pensées négatives sont des poisons

mentaux qui agissent souterrainement dans la conscience, tel un fleuve contaminé, pour émerger, peut-être des années plus tard, sous la forme de maladies, de pertes, de malheur, etc.

Le premier pas en vue de guérir consiste à ne pas avoir peur de l'état qui se manifeste. Le second c'est de prendre conscience que cet état n'est que le produit du penser passé qui ne va plus avoir le pouvoir de continuer son existence. Le troisième pas consiste à *exalter le Dieu qui est au milieu de toi* (votre moi subjectif). C'est cela qui va arrêter en vous, en votre patient, toute production de toxines. Vous avez prononcé faux cet état ; en vous élevant, en voyant le patient tel qu'il devrait être, vous vous attirez la manifestation de l'état idéal. Vivez dans l'incarnation de votre désir et la *parole*, le verbe, (votre pensée et votre sentiment) ne tardera pas à se faire chair. Si vous vous permettez d'être influencé par les croyances des hommes (les poisons mentaux) vous ne pourrez pas avoir le sentiment profond de votre idéal.

Les poisons mentaux les plus mortels sont les suivants : La haine qui n'est, en fait que l'ignorance et la pitié de soi, qui n'est qu'égoïsme. Ces poisons se glissent à travers le courant psychique, empoisonnant toutes les sources vives de l'espoir, de la foi, menant à la démence précoce, à la mélancolie et aux autres formes de troubles mentaux. L'antidote spirituel consiste à trouver votre Etre Réel (Dieu) et à vous en éprendre. Vous vous éprenez éperdument de la connaissance nouvelle que les pensées sont des choses et qu'en remplissant votre esprit de valeurs spirituelles, vous allez transformer toute votre vie, y faire surgir la santé, le bonheur, l'amour et la joie.

Une joie débordante, un immense enthousiasme s'emparent de nous lorsque nous comprenons que le Principe de Vie se manifeste à travers nos prototypes mentaux, nos images, créant leur ressemblance. Lorsque nous prenons conscience de ce que la loi d'attraction est sans cesse à l'œuvre dans notre vie, nous sommes saisis d'une divine allégresse. Nous sommes à jamais épris de Dieu, c'est-à-dire de toutes bonnes choses, de toutes choses qui élèvent, nous avons faim et soif de Sagesse et nous avançons dans la Lumière de Celui qui Est à Jamais.

La vieillesse aussi est un poison mental. La Bible considère l'âge non point comme *l'envol des années, mais comme l'aurore de la Sagesse*. Recherchez l'Allégresse Divine qui vous débarrassera de toutes les toxines. Semblable à Daniel, même dans la fosse aux lions exaltez la Divinité qui est en vous — l'Anti-Corps divin.

CHAPITRE VI

LA PUISSANCE CURATIVE DE L'ACTION DE GRÂCE

Jésus se rendant à Jérusalem, passait entre la Samarie et la Galilée. Comme il entrait dans un village, dix lépreux vinrent à sa rencontre. Se tenant à distance, ils élevèrent la voix, et dirent : Jésus, Maître, aie pitié de nous ! Dès qu'il les eut vus, il leur dit : Allez vous montrer aux sacrificateurs. Et pendant qu'ils y allaient, il arriva qu'ils furent guéris. L'un d'eux, se voyant guéri, revint sur ses pas, glorifiant Dieu à haute voix. Il tomba sur sa face aux pieds de Jésus, et lui rendit grâces. C'était un Samaritain. Jésus, prenant la parole, dit : Les dix n'ont-ils pas été guéris ? Et les neufs autres, où sont-ils ? Ne s'est-il trouvé que cet étranger pour revenir et donner gloire à Dieu ? Puis il lui dit : Lève-toi, va ; ta foi t'a sauvé. Luc XVII : 11-19.

Ce merveilleux récit de la guérison des dix lépreux est notre histoire à tous. Il est certain que négliger les guérisons dont parlent les quatre Evangiles c'est faire abstraction d'une de ses parties les plus intéressantes. L'histoire des lépreux nous apprend que la maladie du corps a son origine dans la maladie de l'âme.

Il y a quelque temps j'ai lu le rapport du discours fait par le Docteur Elmer Hess à l'occasion de sa nomination à la présidence de l'Association Médicale Américaine, discours au cours duquel il déclara que le médecin qui ne croit pas en Dieu n'a pas sa place auprès d'un malade. Et je crois que la plupart des médecins reconnaissent que la foi en Dieu est d'un effet puissant pour le maintien de la santé parfaite. Souvenons-nous du dicton fameux : « Le médecin soigne le malade ; Dieu le guérit. » (1).

Nous l'avons dit, le mot lépreux est employé dans la Bible pour indiquer un esprit troublé par des idées confuses, le conflit des désirs, des émotions. La lèpre représente l'esprit malade ; un lépreux est un homme qui est malade dans ses pensées,

(1) Le célèbre médecin français Ambroise Paré, (1517-1590) disait : « Je le pansai ; Dieu le guérit ». N. T.

dans ses sentiments puis dans son corps. La lèpre est une maladie de consomption ; par conséquent elle représente un état dans lequel l'homme perd sa vitalité, son énergie, son enthousiasme, son goût de la vie, parce qu'il s'est séparé psychologiquement de la Source de toute vie. Nous présentons un état lépreux lorsque nous sommes pleins d'envie, de jalousie, de colère, de haine, de condamnation de nous-même, etc.

Lorsque la Bible dit que *Jésus passa à travers la Samarie et la Galilée pour atteindre Jérusalem,* elle fait allusion au processus de la prière. Jésus représente l'idéal, votre désir, votre place, votre but, qui toujours chemine le long des avenues de votre esprit, vous faisant signe d'avancer, de monter. Votre idéal, vous dit en ce moment : « Lève-toi et accepte-moi ». Lorsque vous élevez votre désir dans votre conscience au point de l'acceptation, vous faites l'expérience de cette vérité, *Ta foi t'a guéri.* Il faut que votre désir passe à travers la Samarie, qui symbolise la confusion, la dualité de conscience et le conflit, *en Galilée,* votre esprit.

Le nombre dix dont il est ici fait mention, symbolise l'accomplissement du processus. Le chiffre un symbolise le mâle, l'aspect pressant de votre désir ou de votre idéal. Le zéro, le cercle, symbolise l'utérus, c'est-à-dire l'esprit de l'homme réceptif. Autrement dit : Le nombre dix représente l'action réciproque des éléments mâle et femelle de votre propre esprit, de votre pensée, de votre sentiment, votre idée, votre émotion ; le cerveau et le cœur. Lorsque les deux fonctionnent harmonieusement, constructivement et joyeusement il s'ensuit un mariage, une union heureuse. Celui en lequel cette union s'accomplit est équilibré, sain, plein de vitalité et de courage. Il faut que les pensées s'unissent au sentiment vrai. Il faut que nos pensées se conforment à la norme spirituelle énoncée par Paul : « *Que tout ce qui est vrai, tout ce qui est honorable, tout ce qui est juste ,tout ce qui est pur, tout ce qui est aimable, tout ce qui mérite l'approbation, ce qui est vertueux et digne de louange, soit l'objet de vos pensées. Philippiens IV : 8.*

Le sentiment vrai fait suite à la pensée vraie. Le cœur, c'est-à-dire la nature sensible, subjective, doit être le calice de l'Amour de Dieu comme il est le sanctuaire de Sa Sainte Présence. C'est ce que la Bible appelle la *coupe*. Tandis que nous méditons sur les valeurs spirituelles de la vie, nous recevons une transfusion d'amour, de foi, de confiance, et d'énergie qui transforme tout notre être. Notre foi est stimulée lorsque nous prenons conscience de ce que toutes choses sont accomplies par la foi, qui n'est autre que le mouvement de l'Omniprésence en nous-mêmes. Il n'y a qu'une seule puissance c'est notre propre conscience d'être.

Lorsque nous pensons à quelque chose, à cet instant même nous captons le courant Tout-Puissant de la Puissance Créatrice par notre attention. Notre foi, c'est, en fait, notre pensée qui, comme le dit le psychologue français Baudouin, commence à s'exécuter immédiatement, prenant forme et fonction dans notre vie.

Nous souhaitons tous nous rendre à *Jérusalem,* la cité de la paix intérieure ; ce qui signifie que lorsque notre désir est entièrement subjectif, nous sommes parvenus au point de l'accomplissement, de la plénitude. *Nous sommes alors en paix* (*à Jérusalem*). Notre esprit n'est plus divisé. Les deux (le désir et la foi) ne font plus qu'un et tout est bien.

Le nombre dix est aussi un nombre sacré qui se rapporte à la ligne I, et au cercle 0, qui ne produisent une croix (X) que lorsqu'il y a conflit dans l'esprit .Ce conflit, avec le sentiment de frustration qui lui fait suite, a lieu lorsque l'homme est dans un état d'esprit de dualité. Lorsqu'il reconnaît deux puissances, il croit au bien et au mal. Il regarde son entourage, les circonstances et les conditions de sa vie, et se dit : « C'est sans espoir, tout est perdu, je ne puis sortir de ce dilemme, je suis incurable », etc, etc. Ce faisant il transfère la puissance qui est en lui aux forces extérieures et c'est ainsi qu'il s'en prend aux conditions atmosphériques, aux autres ou à la malchance, pour les rendre responsables de ses maux.

Lorsqu'il y a conflit entre le désir et la peur, l'esprit et le corps deviennent un champ de bataille et il en résulte un gaspillage, une déperdition de l'énergie, la débilitation des organes vitaux, la dépression nerveuse et l'épuisement. Il faut que l'homme apprenne à ne pas faire d'une chose créée, du monde manifesté, une cause. Il ne doit pas exalter la chose créée au-dessus du Créateur. Il doit résoudre le conflit en rentrant en lui-même et, comme le faisait Quimby, en remettant son cas au Grand Tribunal, à Dieu, la Seule Présence et la seule Puissance. Dans la chambre secrète de son propre esprit, il reconnaît la suprématie de l'esprit qui l'habite. Il regarde les pensées craintives, négatives et il leur ordonne de quitter son esprit, conscient que leur puissance n'est qu'illusoire. Elles ne sont fondées sur aucun principe et par conséquent rien ne les soutient. Comprenant cela l'homme se rappelle qu'il n'y a qu'une seule Puissance Créatrice et que cette Puissance, agissant à travers ses prototypes mentaux, lui apporte le bien qu'il désire. Il continue de méditer ainsi régulièrement et systématiquement jusqu'à ce que guérison ou accomplissement s'ensuivent. Il est parvenu à une décision. Il a prononcé un jugement dans son propre esprit. Il a condamné le coupable, (les pensées négatives) il a libéré le prisonnier, (son désir) et l'a remis entre les bras du Seigneur (son propre esprit subjectif) et, par la répétition, la foi et l'attitude expectative, son désir s'est enfoncé profondément dans son subconcient. Cette thérapeutique mentale profonde la Bible l'appelle l'*entrée à Jérusalem,* (*uru* — cité, *salem* — paix) c'est-à-dire parvenir au point de conviction.

La croix que nous avons portée nous est à présent retirée parce que nous sommes parvenus à l'endroit de la mort. Notre désir a d'abord été enterré là où il est mort ; il est ressuscité par la réponse à notre prière. Le *verbe* (la pensée) est devenu *chair* (s'est manifesté dans notre corps ou dans nos affaires).

Le *cri des dix lépreux* est le cri de tout homme. C'est l'appel de tous ceux qui sont troublés, frustrés, déprimés au *Maître,* c'est-à-dire à la Puissance Spirituelle intérieure, qui seule peut donner la paix et la santé de l'esprit, du corps et des sentiments. *Ils élevèrent leurs voix.* Vous vous élevez mentalement lorsqu'avec vénération, fidélité et adoration, vous vous tournez vers la Présence Spirituelle *qui guérit toutes les maladies. Maître, aie pitié de nous.* Le Psaume centième dit, *Sa miséricorde est à toujours.* Que ces mots sont beaux. Ils touchent les cordes du cœur et font monter à vos lèvres la louange éternelle de Dieu.

Allez vous montrer aux prêtres. Le mot prêtre est un symbole de la perception spirituelle, la conscience intuitive des grandes Vérités de Dieu. Le prêtre est celui qui offre un sacrifice. Tout homme est un prêtre de Dieu lorsqu'il se détourne des faux dieux et du banquet empoisonné de l'entendement collectif, irrationnel, avec ses craintes, ses superstitions et ses terreurs, afin de donner son attention suprême à l'unique Dieu et à Ses Lois. Il sacrifie, c'est-à-dire qu'il abandonne ses pensées négatives, ses craintes, ses doutes et ses fausses croyances pour contempler l'amour, la paix, la beauté et la perfection. Pour recevoir il faut qu'il donne. Il donne, c'est-à-dire qu'il jeûne, qu'il s'abstient de la pensée de ressentiment pour se repaître de celle de l'amour ; il observe le jeûne des pensées de pauvreté, de crainte, de tristesse pour se nourrir des pensées de l'abondance de Dieu, pour festoyer sur la foi en Dieu et en toutes bonnes choses, sur l'essence de la joie, sachant que la joie du Seigneur est sa force. Le *véritable prêtre* observe le jeûne de la douleur et fait de la Rivière de la Paix silencieuse de Dieu son breuvage. Il observe le jeûne de la condamnation de soi, de la dépression, de la pitié de soi, et se repaît d'amabilité, de sociabilité, de bienveillance, de bonne volonté et de gaieté. Il observe le jeûne des ténèbres et se repaît de la Lumière de Dieu projetée sur tous ses problèmes, sachant que la Lumière (l'intelligence) de Dieu ne connaît que leur solution. Il observe le jeûne du karma, de la fatalité, de la prédestination et s'abreuve de Dieu, l'Éternel Présent, sachant que l'Absolu ne condamne ni ne juge, ne punit ni n'envoie la maladie ou la mort. Il sait que même si ses mains dégouttent du sang d'autrui, même s'il a commis les pires crimes, il peut instantanément se tourner vers la Présence de Dieu qui est en lui, s'élever jusqu'au Cœur de Dieu, déclarant et sentant qu'il est à présent l'homme que Dieu veut qu'il soit, l'homme heureux, joyeux, équilibré, paisible et aimant. Et tandis qu'il imprime cette image, cette vision dans son esprit et dans son cœur, il aspire à un changement intérieur ; et la loi de Dieu répond automatiquement à son nouveau prototype mental, et le passé est aboli à jamais. Si un homme se servait maladroitement pendant vingt ans des lois de la chimie ou de celles de l'électricité, dès qu'il s'en aviserait, ces mêmes lois répondraient automatiquement. La loi ne comporte point le ressentiment, elle ignore l'esprit de vengeance ; elle reste égale à elle-même. De même nous nous servons d'un principe lorsqu'il s'agit de notre esprit. Que vous ayez été un assassin, un voleur, que vous ayez commis toutes sortes de mauvaises actions, tout est aboli dès le moment où sincèrement, vous décidez de changer votre vie en intronisant dans votre esprit un nouveau concept, une estimation nouvelle de vous-même, et où vous sentez la vérité de ce que vous affirmez ; la loi renverse son action et répond, correspondant à un nouveau prototype mental.

Il faut que nous comprenions bien que la prière superficielle ne suffit pas. Ce n'est que lorsque la sincérité et une nouvelle vision spirituelle des choses s'emparent de votre esprit que sont effacés de votre subconscient les anciens prototypes négatifs responsables de tous vos maux. Souvenez-vous que la loi n'a point de favoris ; elle est, de plus, impersonnelle. Les lois de notre esprit ne nous punissent jamais. Nous ressentons la réaction de la loi que nous avons nous-même mise en action, par nos pensées et par nos croyances, voilà tout. Lorsque l'homme comprend cela, il n'a plus sujet de haïr ni même d'entretenir le moindre ressentiment envers le moins aimable de ses congénères. De plus, il n'y a point de raison d'entretenir la mauvaise volonté, le ressentiment, l'envie ou la jalousie, car tout homme a le loisir de trouver en lui-même tout ce qu'il souhaite. Et lorsqu'il déclare positivement qu'il possède le bien qu'il recherche, la loi répond à cette acceptation mentale. De même il n'y a point de raison d'en vouloir à ceux qui nous volent ou nous trompent. Il n'y a point de perte à moins que notre esprit ne l'admette. Il suffit que nous prenions conscience de ce que toutes choses existent dans l'Entendement Infini, et que nous nous identifiions mentalement et émotionnellement à ce que nous désirons, pour que notre gousset se remplisse au Réservoir infini des richesses de Dieu selon des moyens que nous ignorons. Il n'y a d'autre perte que le sentiment de la perte. Ceux qui nous volent, nous trompent ou nous dépouillent de quelque manière que ce soit, ne sont que des messagers qui nous disent qui nous croyons être. Ils témoignent de notre état de conscience. Comment pourrions-nous être en colère ou hostiles envers autrui alors qu'il est simplement l'instrument de notre propre esprit, jouant le rôle d'une pièce que nous avons, consciemment ou inconsciemment écrite dans le livre de la vie, notre subconscient. Il est facile de pardonner ; tout ce qu'il faut c'est nous pardonner à nous-même d'avoir entretenu des pensées négatives, destructrices, qui nous ont fait mal, tandis que ceux contre lesquels nous étions en colère étaient peut-être à la pêche ou entrain de danser ou de bien se divertir.

Pour guérir quelque situation que ce soit, *vous vous montrez au prêtre,* car vous êtes vous-même le *prêtre,* qui sans cesse sacrifie ce qui est inférieur à ce qui est supérieur.

Vous pouvez à l'instant même offrir votre *sacrifice,* le désir que vous avez d'une guérison parfaite, en dirigeant votre attention hors de votre corps et de ses symptômes pour demeurer avec le Seigneur de la Vie qui vous habite. Déclarez que la Présence Curative Infinie sature chaque atome de votre corps, vous rendant sain, pur et parfait. Sachez et sentez que l'Intelligence Vivante qui créa votre corps se met, par votre décret, à l'œuvre, faisant agir tous les organes conformément à l'éternel prototype de Dieu ; celui de l'harmonie, de la santé et de la paix. Et tandis que vous entrez dans l'atmosphère mentale de l'harmonie, de la santé et de la paix, il s'ensuit un nouvel ordre dans vos prototypes mentaux qui a pour effet automatique de déclencher des changements moléculaires dans la structure de votre corps afin qu'il se conforme à un nouvel état de conscience. Vous êtes à présent transformé parce que vous avez reçu une transfusion de la Puissance Créatrice mise en action par vos prières, de sorte que chaque atome de votre être danse au rythme de l'Éternel Dieu.

Les dix n'ont-ils pas été guéris ? et les neuf autres, où sont-ils ? Le nombre neuf se réfère à la conscience de la possession. La possession c'est les neuf dixièmes de la loi ; lorsque nous prenons conscience, lorsque nous sentons que nous sommes ce que nous aspirons à être, lorsque nous continuons de déclarer la vérité de ce que nous affirmons, nous accumulons nos pensées, nos états d'âme et enfin nous parvenons au point de l'accomplissement, de la conviction, dans notre conscience. Nous parvenons alors au nombre *dix,* c'est-à-dire à la manifestation du bien que nous convoitions. Le cycle de la conscience est accompli ; nous sommes revenus à notre point de départ. Nous avons commencé par penser à Dieu (le Un), et nous avons terminé en réalisant Dieu (le Un). Tout se résout au UN, son point de départ. Vous glorifiez Dieu chaque fois que votre prière est exaucée. Votre pensée et votre sentiment s'unissent tandis qu'ils sont soudés par l'enthousiasme et par l'amour. La *progéniture* c'est le fils qui s'exprime, c'est-à-dire la manifestation de l'idée.

Celui qui revient pour rendre grâces était un *étranger. L'étranger* dans votre esprit c'est la maladie, ou la crainte, le souci et la difficulté dans vos affaires. Ces attitudes négatives sont des *étrangères* dans la maison de Dieu. Notre esprit doit être une maison de prière et non une caverne de brigands.

La peur, le souci et la colère sont les *étrangers,* les intrus qui nous dérobent la paix de l'esprit. Lorsque nous les laissons mourir d'inanition, en leur ôtant notre attention et notre acquiescement pour les donner tout entiers à Dieu et à Ses Attributs et Qualités, notre esprit est purifié. A ce moment là nous louons et glorifions Dieu au milieu de nous.

Et l'un d'eux, voyant qu'il était guéri, s'en retourna et à haute voix, il glorifiait Dieu, et il se prosterna à ses pieds et rendit grâces.

Ceci est une formule de prière parfaite. Il se peut que vous soyez heureusement marié, que vous ayez des affaires prospères, des amis fidèles mais que vous ayez, par exemple, un cœur ou des yeux faibles.

A l'occasion d'un cours sur le *Livre de Job* que je fis récemment, un des étudiants m'écrivit qu'il allait délaisser les neuf conditions stables et harmonieuses de sa vie pour s'occuper de celle qui était perdue, qui manquait. Il me dit qu'il travaillait une qualité qui lui faisait grandement défaut, celle de la gratitude ; il s'était aperçu, disait-il, qu'il avait rarement loué quelqu'un et qu'il n'était point reconnaissant pour toutes les bénédictions dont il était l'objet. Il avait été stupéfié en prenant conscience de toutes les merveilleuses choses qui lui étaient arrivées. *L'étranger* en lui avait pris la forme de troubles de la vision. L'état de conscience de l'action de grâce, un cœur reconnaissant, nous met au diapason des forces créatrices de l'univers et ce que nous projetons nous revient multiplié par la loi de cause à effet.

Ce jeune homme commença par tranquilliser les rouages de son esprit et à s'imaginer qu'il parlait au Roi des Rois, le Seigneur des Seigneurs en lui-même. Il n'avait pas une image de Dieu, bien entendu ; l'œil de son esprit voyait la Divine Présence, sa propre Vie. Il se mit à dire et à répéter : « Merci Père. Merci Père », doucement, tranquillement, avec amour. Chaque soir il méditait ainsi dans cet état de torpeur qui précède le sommeil, et il s'endormait dans l'état d'esprit de gratitude. Ses yeux furent complètement guéris. En langage biblique *il tomba sur sa face et se prosterna à ses pieds* ». Le mot *face* signifie la Vérité et la Présence de Dieu ; les *pieds* symbolisent la compréhension. *Se prosterner* c'est s'humilier et écarter, faire taire l'intellect, sachant que la Sagesse et la Puissance infinies sont en nous et qu'elles peuvent toutes choses. Ce jeune homme comprit que la vue est spirituelle, éternelle et indestructible et que tout ce qu'il avait à faire était d'entrer dans l'état de conscience de l'action de grâce pour le don qu'il avait déjà reçu. Le cœur reconnaissant est l'esprit qui croit et qui se réjouit dans l'allégresse de la prière exaucée. Souventes fois, en faisant un achat, vous avez payé un manteau, un costume que vous n'avez pas emporté et vous avez remercié le vendeur, lui faisant entièrement confiance, sachant qu'il vous enverrait votre emplette. Les promesses de Dieu ne font jamais défaut ; rendez grâces pour ce que vous allez recevoir et aussi pour les dons que vous avez déjà reçus. Élevez votre esprit jusqu'à l'acceptation et allez d'un cœur joyeux et reconnaissant.

« *J'étais un étranger* ». Ex. II : 22. Nous sommes tous des errants, des pélerins, des étrangers ici-bas. Nous avons quitté le paradis et ne nous sentons point chez nous. Notre pélerinage nous ramène à l'Unique. Nous avons tous des aspirations, des appels intérieurs, des amours, des idéals ; et le monde que nous voyons autour de nous semble nous refuser les aspirations, les appels de notre cœur qui nous font souvenir de notre origine et nous font signe d'y revenir.

Il n'y a qu'une seule chose à faire ; il n'y a qu'une seule chose que tous les hommes cherchent, revenir à la Puissante Présence Curative de Dieu qui les anime. Laissez un instant les bonnes et saines qualités, les bons aspects, les circonstances, les conditions heureuses de votre vie et trouvez *l'étranger*, ce qui vous agace, ce qui vous perturbe en ce moment. Peut-être est-ce un désir inassouvi. Tournez-vous vers Dieu en vous-même et tranquillisez les rouages de votre esprit ; immobilisez votre attention, centrez votre objectif mental sur le fait que l'Esprit est en vous, Dieu, qui est la Cause et la Source de tout votre bien. Rendez alors grâces en répétant silencieusement : « Merci », comme une berceuse, jusqu'à ce que votre esprit soit plein du sentiment de gratitude. Continuez jusqu'à saturation de votre conscience. Dès que vous l'aurez qualifiée, conditionnée, la réponse viendra. Les *lépreux* seront alors guéris. Que votre prière soit celle-ci : « O, mon Dieu, donne-moi une chose encore, un cœur reconnaissant ».

CHAPITRE VII

LA VUE RESTAURÉE

Comme Jésus approchait de Jéricho, un aveugle était assis au bord du chemin, et mendiait. Entendant la foule passer, il demanda ce que c'était. On lui dit : C'est Jésus de Nazareth qui passe. Et il cria : Jésus, Fils de David, aie pitié de moi ! Ceux qui marchaient devant le reprenaient, pour le faire taire ; mais il criait beaucoup plus fort : Fils de David, aie pitié de moi ! Jésus, s'étant arrêté, ordonna qu'on le lui amenât ; et, quand il se fut approché, il lui demanda : Que veux-tu que je fasse ? Il répondit : Seigneur, que je recouvre la vue. Et Jésus lui dit : Recouvre la vue ; ta foi t'a sauvé. A l'instant il recouvra la vue, et suivit Jésus, en glorifiant Dieu. Tout le peuple, voyant cela, loua Dieu. Luc XVIII : 35-43. Marc X : 46-52.

L'authenticité du célèbre cas de Madame Bire a été bien établie. Elle était aveugle, ses nerfs optiques atrophiés. Elle se rendit à Lourdes et fut guérie d'une manière qu'elle qualifie de miraculeuse. Ruth Cranston, jeune femme protestante, qui fit une enquête sur les guérisons de Lourdes, enquête que publia en novembre 1955 le McCall's Magazine, écrit au sujet de Madame Bire ce qui suit : « A Lourdes elle recouvra la vue, incroyablement, ses nerfs optiques étant toujours sans vie, inutiles, comme l'affirmèrent plusieurs médecins après des examens répétés. Un mois plus tard, au cours d'un nouvel examen, on s'aperçut que le mécanisme visuel était redevenu normal. Mais au début, d'après l'examen médical, Madame Bire voyait à travers des « yeux morts ».

Je suis allée à Lourdes en 1955 également et j'ai, moi aussi, été le témoin de guérisons ; d'ailleurs il n'y a aucun doute sur les diverses guérisons qui ont lieu à travers le monde, dans des sanctuaires chrétiens et non-chrétiens.

Madame Bire ne fut pas guérie par les eaux ou par la Grotte, mais par sa croyance. Le principe créateur en elle répondit à la nature de sa pensée. La croyance est le fait d'accepter comme étant vrai un postulat ; et la pensée ainsi acceptée s'exécute elle-même automatiquement. La foi est le fait d'accepter comme existant déjà ce pour quoi on prie. Sans aucun doute Madame Bire se rendit à la Grotte dans un élan de grande foi, dans l'expectative, sachant dans son cœur qu'elle allait être guérie. Son subconscient répondit à sa croyance et des Forces spirituelles furent déclenchées qui lui rendirent la vue selon sa foi. *Il vous sera fait selon votre foi.* La Présence Curative qui créa les yeux est certes capable de rendre la vie à un nerf mort. Ce que le Principe Créateur créa en premier lieu, Il peut le recréer.

Parfois des guérisons ont lieu sans qu'on s'y attende au cours de services religieux divers. Certaines personnes m'ont dit avoir été guéries au cours de nos services de guérisons le dimanche matin. Elles ajoutent qu'elles ne s'y attendaient point, qu'elles étaient sceptiques et point du tout dans un état d'exaltation ; elles ne pensaient même pas à la guérison. D'après ce qu'elles disent on pourrait penser que ces personnes manquaient de foi ; la question se pose alors de savoir comment elles ont pu recevoir la guérison ? La réponse est plutôt simple. Ces personnes recherchent la guérison et leur esprit est ouvert et réceptif à l'effet de la prière de l'auditoire qui est présent. Peut-être sont-elles en traitement chez un allopathe, un ostéopathe ou un chiropractor, ce qui indique bien qu'elles désirent guérir. Désirer c'est prier ; cette attitude indique un esprit extrêmement réceptif qui permet à l'idée de santé parfaite d'être ressuscitée, ce pour quoi prient toutes les personnes présentes. Lorsqu'un groupe de personnes, assemblées dans la prière, affirment que toutes les personnes présentes sont guéries, saines et parfaites, elles établissent un lien psychologique et spirituel bien défini entre elles ; et même si des incroyants ou des sceptiques sont présents, il est possible qu'ils soient guéris pour la simple raison qu'ils le désirent.

Mais, me direz-vous peut-être : « Qu'en sera-t-il de celui qui est plein de haine, de mauvaise volonté ou de ressentiment, celui-là recevra-t-il aussi sa guérison s'il se rend à un sanctuaire ou à un service religieux ? » Si un canal, un pipe-line est plein de débris de toutes sortes, l'eau ne pourra couler librement ; de plus elle sera boueuse et contaminée. Pour arroser le jardin il ne faut pas que le tuyau d'arrosage soit coudé. Votre corps est le jardin et, lorsque vous priez, vous arrosez votre jardin avec la Puissance Curative de Dieu. Les eaux curatives sont l'amour, la paix, la joie, la foi, la bonne volonté, la confiance et la force. L'homme qui est plein de haine s'oppose au courant d'amour et de joie. Il faut qu'il se décide à abandonner ses ressentiments, ses préjugés favoris, pour laisser entrer le soleil de l'Amour de Dieu. Son blocage mental établit une résistance au Principe Curatif et un court-circuit se produit. Lorsqu'il le retire une invasion d'amour et de grâce le pénètre. Celui qui refuse de résoudre ses conflits mentaux retarde définitivement sa guérison. La conscience de l'amour est la plus puissante force curative du monde. Le médecin, le prêtre, le rabbin ou le praticien de la Pensée Nouvelle qui possèdent la plus grande mesure d'Amour Divin obtiendront les meilleurs résultats.

Jésus dit à l'homme aveugle : « *Que veux-tu que je te fasse ? Et il répondit, Seigneur que je recouvre la vue* ». Le mendiant savait ce qu'il voulait, sa demande fut donc spécifique. La Vie sans cesse vous demande, *que veux-tu de moi ?* Quel est votre désir ? Des millions de personnes sont aveugles, parce qu'elles ignorent qu'elles vont devenir ce à quoi elles pensent tout au long du jour. L'homme est spirituellement aveugle lorsqu'il haït, lorsqu'il entretient vis-à-vis d'autrui le ressentiment ou l'envie. Il ne sait pas qu'il sécrète ainsi des poisons mentaux qui tendent à le détruire.

Des milliers de personnes disent constamment qu'il n'y a pas de moyens pour résoudre leurs problèmes, que leur situation est désespérée. Une telle attitude d'esprit résulte de la cécité spirituelle. L'homme commence à voir spirituellement et mentalement lorsqu'il acquiert une nouvelle perception de l'esprit ; lorsqu'il comprend qu'il est en lui une Intelligence Infinie qui répond à sa pensée et peut résoudre tous ses problèmes. Le cri du monde entier est : « Je veux ma vue ! » Les hommes, les femmes et les enfants devraient recevoir la vue, c'est-à-dire que les écoles, les Universités et les foyers familiaux à travers le monde devraient leur enseigner où se trouve le Principe Créateur de Vie et comment on doit s'en servir. On devrait leur enseigner les rapports du conscient et du subconscient.

Emerson a dit : « Un homme est ce qu'il pense toute la journée ». Et la Bible : *Tel un homme pense en son cœur, tel il est.* On devrait enseigner aux hommes que le Principe de Vie répond à leur pensée et qu'en déclarant que l'Intelligence Infinie les dirige et les guide, leur révélant la réponse parfaite à leurs difficultés, ils se verront automatiquement conduits à faire ce qu'il faut et la voie s'ouvrira devant eux. *Aveugles* qu'ils étaient à ces vérités, ils commenceront à *voir* la vision de la santé, de la richesse, du bonheur et de la paix de l'esprit.

Et Jésus lui dit, Reçois ta vue ; ta foi t'a sauvé. Jésus symbolise le Rédempteur, le Principe Curatif de Vie qui nous habite tous, qui répond à jamais à notre expectative, à notre foi. Votre foi c'est votre sentiment, votre conscience, votre conviction intérieure que ce pour quoi vous priez existe déjà. La vision est éternelle, spirituelle et indestructible. Nous ne la créons point, nous la manifestons.

Récemment une dame vint me voir qui souffrait d'un début de glaucome, le durcissement du globe oculaire. Il y a quelque temps j'ai lu un article qui relatait que les ophtalmologistes d'un de nos plus grands hôpitaux avaient découvert que dans vingt ou vingt-cinq pour cent des cas de glaucome dans cet hôpital, il y avait un prototype mental de haine. Il y a bien entendu d'autres raisons. Chez ceux qui se complaisent dans des pensées négatives, destructrices, le foie, le cœur, les poumons et d'autres organes peuvent être lésés ; cela dépend de la susceptiblité de la personne. La maladie en question peut aussi être due à la peur, ou aux suggestions négatives de l'entendement collectif s'imprimant sur la conscience de ceux qui ne prient point. La dame qui me rendit visite commença à prier pour sa belle-fille qu'elle haïssait intensément. Elle dit : « Je remets X à Dieu. Je souhaite pour elle tout le bonheur, toute la paix et toute la joie de Dieu ». Elle répéta fréquemment cette prière jusqu'à ce que toutes les racines de la haine se flétrissent dans son esprit. Au bout de quelques semaines, elle s'aperçut qu'elle nourrissait vraiment des sentiments d'amitié à l'égard de sa belle-fille. C'est ainsi que le véritable amour fait fondre tout ce qui ne lui est pas semblable. Nous priions fréquemment ensemble, cette dame et moi ; nous étions *en rapport* (1) spirituel. Nous sommes tous des postes émetteurs et récepteurs. Ma consultante s'ouvrit à la Vérité, elle s'y rendit réceptive et pria fréquemment, se servant de la prière « Vue parfaite » qui se trouve dans un

(1) En français dans le texte. N. T.

de mes ouvrages de méditations (1) et qui est comme suit : « JE SUIS le Seigneur qui me guérit. Ma vision est spirituelle, éternelle ; c'est une qualité de ma conscience. Mes yeux sont des idées divines, ils fonctionnent toujours parfaitement. Ma perception de la Vérité spirituelle est claire et puissante. La lumière de la compréhension s'éveille en moi ; je vois chaque jour davantage la Vérité de Dieu. Je vois spirituellement ; je vois mentalement ; je vois physiquement. Je vois partout les images de la Vérité et de la Beauté.

« L'Infinie Présence Curative rénove à l'instant même mes yeux. Ils sont parfaits, ce sont des instruments divins qui me permettent de recevoir des messages du monde intérieur et du monde extérieur. La Gloire de Dieu est révélée dans mes yeux ».

Elle laissa ces vérités pénétrer par un processus d'osmose spirituelle, son subconscient, et peu à peu la guérison parfaite s'accomplit. Elle coopéra parfaitement avec son médecin, priant aussi pour lui. Au bout de quelques mois, elle n'eut plus besoin de

(1) Cette méditation est extraite de la nouvelle édition de « Dans le silence » qui n'a pas encore été traduite en français. N. T.

gouttes dans les yeux ; son médecin lui dit que toute tension avait disparu.

Je connais beaucoup de personnes qui ont eu des résultats miraculeux en se servant de la prière simple qui suit : « Je vois spirituellement ; je vois mentalement ; je vois physiquement. C'est merveilleux ». Elles remplissent ainsi leur âme (leur nature subjective) du sentiment de merveilles, et, tandis qu'elles prient, les merveilles ont lieu. Jésus, Moïse, Elie et Paul ne pouvaient se servir d'un autre principe de guérison que celui dont vous vous servez. Il est le même hier, aujourd'hui et toujours.

Lorsque nos prototypes mentaux sont désorganisés, nous sommes malades. Nos pensées sombres, moroses, nous cachent la vision de notre Dieu. Lorsque nous prions en nous identifiant aux valeurs éternelles, spirituelles, un réajustement de nos prototypes de pensées a lieu qui est suivi par un changement moléculaire dans notre corps, changement conforme à notre nouvelle attitude mentale. La guérison s'ensuit. La vue se manifeste, elle ne se crée point.

Si nous avons été sourd, nous entendons à nouveau le son de Celui qui est. Nous prenons conscience de ce que c'est Dieu qui entend Son propre son à travers Ses propres oreilles. C'est Dieu qui voit Ses propres idées parfaites à travers Ses propres yeux. La femme qui fut guérie du glaucome acquit la foi et la connaissance ; il est bien entendu qu'elle ne souffrira plus de cette maladie ; la guérison sera permanente.

La foi aveugle guérit aussi, mais souvent elle est passagère et faillible. Gardez votre esprit fixé sur Dieu et sur Sa Perfection et votre puissance curative sera efficiente et plus grande. Marchez silencieusement avec Dieu, vous pratiquerez ainsi Sa Présence et vous déclencherez à tout instant, et sans même le savoir, Sa Puissance Curative.

Souvenez-vous que nous voyons *à travers* l'œil et non *avec* l'œil. La cornée reçoit les vibrations des objets dans l'espace ; ses vibrations sont transmises au cerveau par le nerf optique. Lorsque la lumière intérieure, l'intelligence, s'unit à la lumière extérieure, nous voyons. « Nous voyons parce que le Voyant est au dedans de nous. Nous voyons parce que l'Intelligence Infinie est la lumière de notre conscience. Si nos yeux ne fonctionnent pas normalement, le Principe Créateur qui les fit n'a point été blessé ni lésé. Celui qui fit vos yeux peut également les recréer, les refaire, et les guérir. *Voici que je fais toutes choses nouvelles.* Vos yeux symbolisent l'Amour Divin, le fait de se réjouir des lois de Dieu, la faim et la soif de la Vérité de Dieu. Vous aurez toujours une bonne vision si vous vous mettez au diapason de l'Amour de Celui qui est. *L'œil droit* symbolise la pensée, l'action justes. *L'œil gauche,* l'Amour de Dieu et Sa .Sagesse. Pensez juste, irradiez la bonne volonté et votre accommodement visuel sera parfait.

Vous pouvez recouvrer votre vue. Oui, vous pouvez percevoir la réponse à quelque problème que ce soit, en reconnaissant la Source de tout bien. Donnez votre allégeance suprême à la Présence-Dieu qui est en vous et sentez la réalité de ce pour quoi vous priez. Vous n'allez pas vers Dieu parce que vous avez un problème. Vous allez à Lui pour rendre grâces de la réponse qui est vôtre instantanément lorsque vous ouvrez votre esprit pour le recevoir.

Reçois ta vue. Et aussitôt il reçut la vue et il le suivit, glorifiant Dieu.

CHAPITRE VIII

L'OUIE RESTAURÉE

Et l'un d'eux frappa le serviteur du souverain sacrificateur, et lui emporta l'oreille droite. Mais Jésus prenant la parole, dit : Laissez, arrêtez ! Et, ayant touché l'oreille de cet homme, il le guérit. Luc XXII : 50-51.

Beaucoup de personnes me demandent s'il convient de prier pour un malade ou pour un individu qui est malheureux ou en proie à quelque difficulté. Elles disent : « Il ne m'a pas demandé de prier pour lui. » La citation par laquelle nous ouvrons ce chapitre ne dit pas que le serviteur du grand prêtre demanda à Jésus de restaurer son oreille. Et, apparemment, Jésus n'attendit pas qu'il le fit ; volontairement il guérit l'oreille. Il est oiseux de poser la question : « Dois-je prier pour celui qui se trouve en difficulté ? » Bien sûr que vous pouvez prier pour tous ceux pour lesquels vous le voulez, et ce serait excellent de prier chaque jour pour tous les hommes, leur souhaitant l'harmonie, la santé, la paix et la joie. Priez pour le Président, pour le Congrès, pour vos collègues, pour les membres de votre foyer ; le monde entier sera béni par vos prières dépourvues d'égoïsme.

On me demande aussi parfois : « Dois-je prier pour ma mère bien qu'elle ne croie point en la guérison Divine et qu'elle soit opposée à l'enseignement des lois psychologiques et spirituelles ? » La réponse est simple. Il est sans importance qu'une mère, qu'un père, ou qu'un parent ne croient pas à vos convictions spirituelles ou à la technique, au processus de prière dont vous vous servez. Lorsque vous priez pour quelqu'un, ne vous souciez pas du fait de sa croyance ou de son incroyance, de ce qu'il accepte ou rejette notre enseignement. Ne vous préoccupez pas davantage de sa religion ou de son athéisme ; de plus, désintéressez-vous des symptômes pathologiques, des aberrations, des conflits mentaux, des blocages psychologiques qu'il peut présenter. Entrez tout simplement dans le silence de votre âme, immobilisez votre attention et rejetez mentalement toutes les apparences, tous les témoignages des sens. Ceci doit être fait d'une manière décisive et catégorique. Prenez tranquillement conscience de ce que la Puissance Curative Infinie est au-delà du temps et de l'espace et de ce qu'elle embrasse celui ou celle pour lesquels vous priez ; ensuite affirmez tranquillement la Vérité ou bien sentez-la silencieusement, comme il vous plaira. Les mots ne sont pas indispensables. Vous pouvez *sentir* la Vérité de ce que vous pensez, sentir que l'Harmonie, la Santé, la Puissance, la Paix, l'Ordre et la Perfection de Dieu se manifestent dans l'esprit et dans le corps de votre ami. Dites-vous qu'il n'y a ni temps ni espace. Vous ne faites qu'un avec votre ami parce que vous pensez à lui. Comme le dit Troward, vous êtes en rapport (1) avec lui, et Quimby dit que vous lui êtes uni parce que nos esprits se mélangent comme des atmosphères et chacun garde dans cette atmosphère son identité. Ce que vous sentez comme étant vrai en ce qui concerne votre ami va être ressuscité dans sa vie. Vous avez pris sa requête, son désir de santé et l'avez fait vôtre.

(1) En français dans le texte. N. T.

Tandis que vous contemplez les qualités et les attributs de Dieu, sachant que ses qualités s'expriment à présent à travers votre ami, il se produit une réponse immédiate dans sa structure mentale, une réorganisation de son esprit qui amène la guérison parfaite. Votre sentiment profond de paix et de confiance dans l'opération instantanée de la loi de la santé et de l'harmonie vous remplit de celui de la foi absolue. Tandis que vous continuerez de prier, peut-être deux ou trois fois par jour, le moment viendra où vous perdrez tout désir de prier parce que votre prière sera exaucée. On ne peut désirer ce que l'on possède, ce qui est accompli. Un médecin ne soigne pas un malade qui est guéri, le malade n'ayant plus besoin de traitement. La prière agit selon le même principe. On prie jusqu'à ce que l'on n'ait plus besoin de prier.

Nous voyons et entendons avec l'esprit. En langage biblique, nous *coupons une oreille* lorsque nous cessons d'écouter la voix perturbée du monde avec ses fausses croyances, ses terreurs et ses superstitions. *Jésus toucha son oreille et la guérit* signifie que nous devons entendre la voix de la Vérité qui dit, *Je suis Dieu et il n'y a point de Dieu à part moi.* Nous ne devons entendre que ce qui remplit notre âme de joie ; n'entendre, au sujet de celui pour lequel nous prions, que de bonnes nouvelles. A quoi accordez-vous votre attention ? Si vous écoutez les on-dit, les commérages, la critique et la condamnation d'autrui, vous n'écoutez pas la Vérité. Si quelqu'un vous dit que vous allez faire faillite dans votre entreprise et si vous lui prêtez attention, vous n'entendez pas l'Evangile, la bonne nouvelle en ce qui vous concerne.

Entrez en vous-même, donnez toute votre attention à l'idée du succès. Vous allez immédiatement en ressentir l'état d'esprit. Vous entendez la bonne nouvelle, vous êtes dans le bon état de conscience, absorbé profondément et fasciné par l'idée du succès, de l'accomplissement. Vous savez que la peur et le succès ne sont que deux idées entre lesquelles il vous est loisible de choisir. Vous savez que vous êtes né pour réussir, que vous avez tout ce qu'il faut pour réussir. La pensée-peur est fausse, c'est une illusion, une ombre dans l'esprit. Une ombre n'a point de puissance, point de substance. L'idée de succès est une réalité et, tandis que vous lui accordez toute votre attention, vos pouvoirs subconscients vont agir pour vous, vous obligeant à accomplir tout ce qui est nécessaire à votre réussite. Vous entendez alors la Vérité.

Il est toujours bon de bénir autrui. En vérité il ne peut y avoir de mal à souhaiter la santé, l'harmonie, la joie, la paix et toutes les richesses de Dieu à un autre. C'est la réponse qu'il convient de donner à ceux qui demandent : « Ai-je tort de prier pour celui qui ne me l'a pas demandé ? » Bien sûr que non. Vous devez souhaiter à tous ce que vous souhaitez à vous-même. L'amour est l'accomplissement de la loi. L'amour consiste à irradier sincèrement le soleil de l'Amour, de la Lumière et de la Vérité de Dieu envers tous les hommes, d'où qu'ils soient. Voilà la Loi qui apporte la plénitude, le bonheur, la paix et l'abondance à notre vie. Ce que nous refusons aux autres, nous nous le refusons à nous-même. En fait, il n'y a pas « d'autres », nous sommes tous dans l'Unique Entendement et dans l'Unique Esprit qui est Indivisible et dans lequel il ne peut y avoir de différends ou de querelles. S'il en était autrement l'Esprit ne serait ni unique, ni indivisible ; l'harmonie serait impossible et le chaos règnerait. L'Infini ne se peut diviser.

Par exemple, si vous priez pour la prospérité tout en étant irrité de la fortune et des richesses d'un autre, vous condamnez ce pour quoi vous priez et votre bien s'envole à tire d'ailes. Comment voulez-vous vous attirer la richesse alors que vous réprouvez sa manifestation chez autrui ? Ce faisant vous pensez et vous ressentez la pénurie au lieu de l'abondance et tel vous pensez et sentez, tel vous êtes. La pensée colore la conscience, et votre état de conscience gouverne votre univers. Lorsque vous comprenez cela, vous êtes *Jésus,* (la raison illuminée, la conscience de la vérité) *touchant l'oreille,* (entendant la vérité qui vous libère) *et la guérissant* ; c'est-à-dire établissant dans votre esprit un état d'intégrité, d'unité.

La Bible dit : *il lui coupa l'oreille droite.* La droite représente le monde objectif, l'opinion du monde, le témoignage des sens, le jugement selon les apparences. *Coupez donc à l'instant même cette oreille droite,* une fois pour toutes, et n'accordez aucune puissance aux phénomènes extérieurs. N'adorez pas les microbes, c'est-à-dire ne leur donnez point de puissance, n'en ayez point peur. Ne vous laissez pas aller à la panique, lorsque quelqu'un éternue, en disant : « Il va me passer son rhume. » Rejetez l'idée fausse selon laquelle un ventilateur électrique est capable de vous doter d'un torticolis ou l'air froid de la nuit de vous donner une pneumonie ou une bronchite. L'état du temps n'a pas de puissance sur vous. Nous donnons à ces choses puissance en croyant qu'elles peuvent nous nuire et nous souffrons en conséquence. Le ventilateur électrique, par exemple, est parfaitement neutre. Il est composé d'une substance métallique faite de molécules qui tournent à grande vitesse. Bénissez ce ventilateur, bénissez le temps ; souvenez-vous que Dieu prononça toutes choses bonnes. Lorsque vous vous mouillez les pieds, ne dites pas que l'eau va vous donner une pneumonie. L'homme a créé des faux dieux innombrables et tous ces soucis sortent de son esprit enténébré, de son imagination déformée.

Maurice B. Nicoll (1) dit que tous les malheurs de l'homme proviennent d'un malentendu. *L'homme voit à travers un miroir, d'une manière obscure* car son esprit n'est point éclairé. Lorsque, le soir, les ombres de la nuit couvrent la terre, l'homme prend parfois la souche d'un arbre sur lequel se

(1) Ecrivain anglais qui a commenté l'enseignement de Ouspensky et qui est l'auteur des ouvrages intitulés « The Mark », « The New Man », « Living Time », etc... N. T.

dressent quelques branches pour un voleur, le révolver au poing. Il est transi de terreur. Il en est de même dans son esprit ; il n'entend ni ne voit juste. Il faut qu'il devienne semblable à Jésus ; qu'il s'éveille à la Vérité, qu'il comprenne qu'il n'y a qu'une cause première qui est sa propre Conscience, et qu'il cesse de créer des causes secondaires. Comprendre que votre JE SUIS est la seule Puissance, la seule Cause et la seule Substance, c'est vous libérer de tous les faux dieux de la terre, ce qui vous permet d'avancer avec au cœur le chant de Dieu.

Vos oreilles symbolisent la compréhension. Beaucoup de personnes qui se plaignaient d'être incapables d'entendre l'auteur du présent ouvrage au cours de ses conférences, l'entendent parfaitement à présent du fond de la salle. Leur intérêt au sujet de la Vérité étant aiguisé, leur attention s'en trouva accrue ; il s'ensuivit une réponse de leur subconscient. Voici une prière toute simple que je recommande à ceux qui souffrent des oreilles à quelque titre que ce soit (1) : « J'entends la Vérité, j'aime la Vérité ; je connais la Vérité. Mes oreil-

(1) Cette méditation est extraite de la nouvelle édition augmentée de « Dans le Silence » qui n'a pas encore été traduite en français. N. T.

les sont des idées parfaites de Dieu qui fonctionnent toujours parfaitement. Mes oreilles sont les instruments parfaits qui me révèlent l'Harmonie de Dieu. L'Amour, la Beauté et l'Harmonie de Dieu coulent à travers mes yeux et mes oreilles ; je suis à l'unisson de l'Infini. J'entends la Douce Voix de Dieu en moi. Le Saint Esprit vivifie mon ouïe et mes oreilles sont ouvertes et libres. »

Les observations faites auprès de mes consultants m'ont convaincu qu'un grand nombre de personnes deviennent sourdes ou partiellement sourdes, parce qu'elles ne veulent pas entendre la voix de quelqu'un. Elles s'efforcent de se fermer à certaines choses. Si, par exemple, un mari a une femme querelleuse, essayant de ne pas l'entendre, il perd peu à peu sa faculté auditive. Ses auto-suggestions négatives s'enfoncent dans son subconscient et celui-ci se met à obéir à ces suggestions. Si vous hypnotisez un sujet, vous pouvez lui suggérer qu'il n'entend pas tant que vous ne lui dites pas qu'il entend. Obéissant à cette suggestion, son subconscient l'accepte et le sujet est sourd ; cette expérience nous démontre le fonctionnement de notre esprit. Il convient donc que nous soyons extrêmement attentifs à la nature des pensées que nous entretenons, auxquelles nous accordons notre attention.

Il est des personnes qui, délibérément se ferment à la Vérité. Elles disent : « Je ne veux pas en entendre parler. » S'il s'agit d'une conférence de métaphysique à la radio, par exemple, elles disent : « Fermez le poste, je ne veux pas l'écouter », etc. Ces déclarations sont exprimées avec force et dans un sentiment violent ; elles sont puissamment destructrices. Car le subconscient accepte ces déclarations comme étant des requêtes et se met en devoir d'agir afin d'y répondre. Vous connaissez bien la vieille maxime qui contient une grande Vérité : « Il n'est pire sourd que celui qui ne veut pas entendre. »

Le Docteur Flanders Dunbar, qui fait autorité en médecine psychosomatique, cite de nombreux cas de surdité dus aux désordres mentaux et émotionnels. Dans son livre *Les Emotions et les Transformations Physiques,* elle cite celui d'un homme de quarante-cinq ans, marié depuis vingt-cinq ans, et qui était contraint à se servir d'un appareil auditif. Il attribuait sa surdité au fait qu'il avait fait de la natation. Et il pensait qu'un des avantages de son état était de n'avoir pas à écouter sa femme. Le médecin qu'il consultait demanda à examiner son appareil, et tout en l'examinant continua à parler à son patient. Ils engagèrent une conversation extrêmement animée et ce fut une demi-heure plus tard seulement que le « sourd » s'avisa que le médecin tenait toujours son appareil. Vous avez, naturellement, compris pourquoi il entendait mal. Son subconscient répondait à son désir de ne pas écouter sa femme. Il est aussi des personnes dont la surdité provient du fait qu'elles se sont fermées à toutes les idées, hormis les leurs. Elles sont implacables, inflexibles, dogmatiques et pleines d'orgueil.

L'ouïe est un processus mental et spirituel. Faites confiance à l'Intelligence Divine qui créa vos oreilles et tous leurs organes. *Je te rendrai la santé et guérirai tes plaies, dit l'Eternel.*

CHAPITRE IX

LA PRIÈRE EFFACE TOUT KARMA

Nous en avons terminé avec les miracles de guérisons relatés dans l'Evangile selon *Luc* également rapportés dans *Marc* et dans *Matthieu*. L'Evangile selon *Jean* est le plus mystique de toute la Bible. Au neuvième chapitre nous trouvons l'histoire d'un homme *aveugle de naissance*.

« *Jésus vit, en passant, un homme aveugle de naissance. Ses disciples lui firent cette question : Rabbi, qui a péché, cet homme ou ses parents pour qu'il soit né aveugle ? Jésus répondit : Ce n'est pas que lui ou ses parents aient péché ; mais c'est afin que les œuvres de Dieu soient manifestées en lui. Il faut que je fasse, tandis qu'il est jour, les œuvres de celui qui m'a envoyé ; la nuit vient où personne ne peut travailler.*

Pendant que je suis dans le monde, je suis la lumière du monde.

Après avoir dit cela, il cracha à terre, et fit de la boue avec sa salive. Puis il appliqua cette boue sur les yeux de l'aveugle, et il dit : Va, et lave-toi au réservoir de Siloé (nom qui signifie envoyé). Il y alla, se lava, et s'en retourna voyant clair. Ses voisins et ceux qui auparavant l'avaient connu comme un mendiant disaient : N'est-ce pas là celui qui se tenait assis et qui mendiait ? Les uns disaient : C'est lui. D'autres disaient : Non, mais il lui ressemble. Et lui-même disait : C'est moi. » Jean IX : 1-9. Matt. IX : 27-30, XII : 22, XX : 30-34 ; Marc X : 46-52.

Dans l'antiquité on croyait que celui qui naissait aveugle le devait à son *karma* ; qu'il venait ici-bas expier ses péchés. On croyait aussi que les péchés des parents se communiquaient aux enfants. Or le péché est un mouvement de l'esprit avant d'être un mouvement du corps. Les parents transmettent à leur progéniture leur façon de penser habituelle, leurs craintes, leurs tensions d'esprit, leurs fausses croyances, au moyen de l'esprit et non à travers le corps. Nos sentiments, nos états de conscience créent. A quel diapason êtes-vous pendant l'acte conjugal, l'acte créateur ?

Il est des états de conscience sourds et aveugles d'où sortent des enfants sourds et aveugles. Quel que soit le diapason auquel vibrent les parents au moment de la conception, une expression correspondante se manifeste, suivant les lois des rapports réciproques.

Il n'y a point d'exemple dans la Bible d'un refus de guérir qui que ce soit. L'Absolu ne juge ni ne condamne. Tout pouvoir de juger est donné au fils, c'est-à-dire que tout jugement est prononcé par notre propre esprit. Chaque homme parvient à sa propre décision, à sa propre conclusion et la loi répond automatiquement. S'il pense négativement la réponse est négative. S'il pense positivement et constructivement, la réaction de la loi de son esprit est bonne et très bonne.

Les lois de la nature et de notre esprit ne peuvent avoir contre nous aucun préjugé. Il n'y a pas une loi pour un enfant et une autre pour un homme de quatre-vingts ans. Dès l'instant où l'homme rentre en lui-même, revendique son bien et persévère dans la foi et la confiance, il y a réponse automatique de la foi qui honore l'acceptation mentale de son bien. Le passé est alors effacé et aboli.

La raison rejette la croyance populaire superstitieuse selon laquelle la cécité d'un individu provient de son *karma,* de ce qu'il ait peut-être ôté la vue à d'autres dans une vie antérieure et de ce qu'il soit revenu sur ce plan pour souffrir, afin d'expier son crime. Une autre superstition populaire et qui subsiste encore veut qu'un enfant puisse naître aveugle parce que ses parents le sont ou parce qu'ils ont péché, ou bien encore parce qu'ils ont une maladie quelconque. En fait, des parents congénitalement aveugles peuvent avoir des enfants dont la vision est parfaitement normale.

Par la prière, une mère peut changer la nature physique et mentale de son enfant tandis qu'il est encore dans son sein et provoquer ainsi une guérison parfaite. Aux yeux de Dieu il n'y a ni aveugles, ni sourds, ni boiteux, ni infirmes. Dieu voit chacun parfait, et Sa Création est Perfection Infinie.

Il faut que j'accomplisse les œuvres de celui qui m'a envoyé, tandis qu'il fait jour. Ce qui veut dire : Pendant que luit la Lumière de la Vérité, nous dirigeons consciemment la loi.

Faire de la boue avec la salive représente l'état de salivation de celui qui a faim ; un enfant bave à la vue de sucreries. Cela symbolise un état de joie, d'effervescence. Vous avez peut-être vu des geisers en activité et dont les eaux formaient allègrement de la boue. La boue à l'état naturel représente l'homme ordinaire qui est mort parce qu'il ignore le Principe Curatif qui l'habite. Il est, autrement dit, mort à sa puissance intérieure. Lorsqu'il s'éveille et s'enthousiasme à sa découverte, il naît en Dieu ; voilà la signification de *il cracha sur le sol et fit de la boue avec sa salive.* C'est une figure de rhétorique orientale qui signifie la profonde conviction intérieure de ce que nous sommes en possession de la conscience d'être, d'avoir ce que nous souhaitons, conviction dans laquelle nous rejetons la cécité, c'est-à-dire notre ancien état de limitation.

Nous ne sommes pas ici pour souffrir ou pour expier des péchés ou des erreurs. Nous sommes ici pour nous éveiller à la Vérité en ce qui nous concerne et pour comprendre ceci ! *Bien-aimés, nous sommes dès à présent les fils de Dieu*, et *C'est aujourd'hui le jour du salut*, et encore *le Royaume des cieux est proche.* Tout comme Paul, vous pouvez être transformé en un clin d'œil.

Souvenez-vous que ce qui est vrai au sujet de Dieu l'est également de l'homme. Dieu ne peut absolument pas être aveugle, sourd, muet ou malade. La Vérité au sujet de l'homme est que l'Esprit Vivant et Tout-Puissant l'habite. Dieu est toute Béatitude, Intégrité, Joie, Perfection, Harmonie et Paix. Dieu est la somme totale de toutes les choses merveilleuses dont vous ayez jamais ouï dire. Il ne peut absolument pas y avoir de conflit ou de division en cette Sagesse Illimitée. Tandis que vous attachez votre esprit sur ces Vérités Eternelles concernant Dieu, identifiez-vous mentalement à elles ; un réajustement de vos prototypes mentaux s'ensuivra et l'Intégrité et la Perfection de Dieu se manifesteront.

La *boue* dont il est question est une fausse croyance endurcie. Elle représente un esprit confus, boueux, qui doit être nettoyé ; alors nous *crachons* c'est-à-dire que nous extériorisons notre conviction de la Vérité.

Va te laver dans le réservoir de Siloé veut dire : abandonner et renvoyer. Détachez votre conscience de votre ancien état d'esprit ; votre esprit va alors être lavé de l'idée fausse ; sentez et affirmez la spiritualité de toute substance. La cécité représente aussi notre inhabileté à percevoir l'état d'esprit qui serait pour nous la bénédiction. Lorsque l'homme ne sait pas que son sauveur est la réalisation du désir de son cœur, il est bien aveugle.

Et puisqu'il s'agit, dans ce chapitre, de l'homme aveugle de naissance, disons que tous les hommes naissent aveugles. Nous naissons à tout ce que représente notre ambiance et il nous faut choisir de différencier de telle sorte que, peu à peu, nous nous éveillions à la Présence et à la Puissance de Dieu qui nous habite.

La plupart des personnes ont tendance à tout prendre littéralement. Lorsque, dans votre quotidien habituel, vous voyez un dessin caricatural dépeignant quelque dépense exagérée ou quelque gaspillage du gouvernement, vous prenez ce dessin pour ce qu'il est ; une allégorie visuelle. Il faut se souvenir que la Bible est une allégorie verbale ; lorsque la plupart lisent dans la Bible les récits des aveugles, des infirmes et des boiteux, ils ne pensent, en général, qu'à l'aspect physique de ces personnages.

Il faut comprendre qu'il existe aussi une surdité, une cécité intérieures et alors même que les yeux et les oreilles ne sont ni malades ni endommagés. Un homme peut être psychologiquement infirme et l'est lorsque, par exemple, il a peur d'envisager, de mettre à profit une idée nouvelle. Dans certains cas il refuse une situation supérieure à la sienne parce qu'il craint d'y échouer. Voilà bien une infirmité en dépit du fait que ses membres peuvent être parfaitement normaux.

Le Dr Nicoll, d'Angleterre, déjà cité, insiste sur le fait que la transformation du niveau sensoriel ou sensuel au niveau émotionnel ou mental est un acte de foi.

Car c'est par la foi que nous marchons, et non par la vue. II. Cor. V : 7. La plupart des gens marchent « par la vue », ce qui veut dire que c'est le sens litéral de toutes choses qui domine leur conscience. L'aveugle est celui qui est aveugle intérieurement.

Dans l'Evangile selon Matthieu nous lisons : « *Et voici, deux aveugles, assis au bord du chemin, entendirent que Jésus passait, et crièrent : aie pitié de nous, Seigneur, Fils de David ! La foule les reprenait pour les faire taire ; mais ils crièrent plus fort : Aie pitié de nous, Seigneur, Fils de David ! Jésus s'arrêta, les appela et dit : Que voulez-vous que je fasse ? Ils lui dirent : Seigneur, que nos yeux s'ouvrent. Emu de com-*

passion, Jésus toucha leurs yeux ; aussitôt ils recouvrèrent la vue, et le suivirent. » Matthieu XX : 30-34.

Les deux aveugles symbolisent l'homme ordinaire qui est intellectuellement et émotionnellement aveugle. Nous possédons un esprit conscient et un subconscient qui sont deux phases, ou deux fonctions de l'Unique Esprit. Si nous ne choisissons pas consciemment de bonnes pensées, si consciemment nous ne méditons pas sur ce qui est grand et beau, notre intellect est aveugle. Si nous ne comprenons et n'exprimons pas la sagesse, l'intelligence et la puissance de notre Etre subjectif, nous sommes aveugles au Royaume des cieux qui est au dedans de nous.

Un homme *aveugle* pense qu'en travaillant dur il deviendra riche. Il s'agite, se démène parce qu'il ne sait pas que la richesse est simplement un état de conscience. Le sentiment de la richesse produit la richesse ; le sentiment de la santé provoque la santé. Avoir confiance en l'Unique Source Eternelle et s'aligner mentalement avec Elle nous donnera la richesse, la santé et toutes les bénédictions.

Je me suis entretenu récemment avec une jeune actrice qui gagne mille dollars par semaine pour quelques heures de travail. Elle me dit qu'il y a beaucoup d'autres comédiennes beaucoup plus jolies, plus charmantes, plus instruites qu'elle et qui, cependant, ne gagnent que cent ou cent-cinquante dollars dans de petits rôles. Elle explique cet état de choses par le fait que ces comédiennes se sous-estiment et manquent de confiance en elles-mêmes. Elles sont aveugles et ne savent point que si nous passons contrat avec la vie pour un franc par jour nous ne recevrons pas davantage. Si ces personnes surmontaient la médiocre opinion qu'elles ont d'elles-mêmes et si, consciemment, elles revendiquaient leur bien, elles obtiendraient une réponse automatique, car *il vous sera fait selon votre foi.*

Il y a quelques heures je bavardais avec un homme qui quitte notre ville (1) pour devenir administrateur d'une firme à San-Francisco. Le mois dernier il gagnait, selon le barême de son syndicat, un maigre salaire. *Ses yeux s'ouvrirent* au cours de nos récentes conférences sur la signification ésotérique du *Livre de Job.* Notre ami commença de s'imaginer en train de recevoir les félicitations de sa femme au sujet de sa

(1) Los Angeles. N. T.

merveilleuse promotion. Il maintint cette image dans son esprit jusqu'à ce qu'elle se développe complètement dans son subconscient et, à sa grande joie, cette promotion se confirma objectivement. Les deux états aveugles en lui se mirent à voir parce qu'il unit harmonieusement son conscient et son subconscient. Ces deux phases se synchronisèrent et se mirent d'accord sur son avancement, et ce qu'il sentait subjectivement comme étant vrai devint une manifestation objective.

Le cri du monde est : *Seigneur, que nos yeux s'ouvrent. Jésus* représente la conscience de ce que la Puissance Spirituelle est en vous et la faculté de vous servir de cette Puissance afin de vous élever au dessus de toute conjoncture malheureuse ou de toute limitation.

La Bible dit, *Jésus toucha leurs yeux.* Lorsque nous touchons un objet nous en éprouvons une sensation, un sentiment. Nous avons établi un contact, pour ainsi dire. Ainsi, nous touchons la Puissance Spirituelle, c'est-à-dire la Présence de Dieu, avec notre pensée, par notre image mentale.

Et immédiatement leurs yeux recouvrèrent la vue. Cela signifie que vous allez recevoir une réponse instantanée de l'Esprit qui demeure en vous et dont la nature est sensible. Vous recevez la vue parce que vous percevez mentalement, vous prenez possession de la Puissance Spirituelle qui vous anime. Vous comprenez sa nature et lui donnez toute votre allégeance et tout votre loyalisme. Le Créateur de vos yeux peut guérir vos yeux.

Jésus passe toujours par là pour la simple raison que votre désir est votre Jésus, votre Sauveur. Chaque problème a sa solution, son sauveur, sous la forme d'un désir. Le désir passe dans les avenues de votre esprit en ce moment. Une *multitude* de craintes, de doutes et de pensées d'anxiété attaquent votre désir et s'efforcent d'ébranler votre fidélité. C'est elle qui, dans le récit biblique, s'efforce de retenir les aveugles. *Mais ils n'en crièrent que plus fort,* ce qui signifie qu'il faut que vous fonciez avec dynamisme et détermination à travers cette foule grotesque des pensées négatives dans votre esprit. Il faut que vous les repoussiez et n'ayez d'yeux que pour votre sauveur, votre désir.

Elevez votre désir ; chérissez-le ; soyez-lui fidèle, éprenez-vous-en ; qu'il vous captive. C'est ainsi que vous parviendrez à toucher la Présence Curative. Au moment même où vous la touchez, Sa Puissance Infinie se projette à travers le canal que vous avez créé et votre prière est exaucée.

Nous ne devrions pas demander davantage de Lumière mais bien plutôt dire : « O mon Dieu, donne-moi des yeux qui voient la Lumière. » La Lumière de Dieu a toujours existé, existe et existera éternellement. C'est merveilleux.

CHAPITRE X

AVANCEZ AVEC LA PUISSANCE DE DIEU

Après cela il y eut une fête des Juifs et Jésus monta à Jérusalem.

Or, à Jérusalem, près de la porte des brebis, il y a une piscine qui s'appelle en hébreu Béthesda, et qui a cinq portiques. Sous ces portiques étaient couchés en grand nombre des malades, des aveugles, des boiteux, des paralytiques qui attendaient le mouvement de l'eau ; car un ange descendait de temps en temps dans la piscine et agitait l'eau ; et celui qui y descendait le premier après que l'eau avait été agitée était guéri quelle que fut sa maladie.

Il se trouvait là un homme malade depuis trente-huit ans. Jésus l'ayant vu couché, et sachant qu'il était déjà malade depuis longtemps, lui dit : Veux-tu être guéri ? Le malade lui répondit : Seigneur, je n'ai personne pour me jeter dans la piscine quand l'eau est agitée, et, pendant que j'y vais, un autre descend avant moi. Lève-toi, lui dit Jésus, prends ton lit, et marche. Aussitôt cet homme fut guéri ; il prit son lit, et marcha. Jean V : 1-8. Luc XIII : 11-12.

L'humanité est au bord de la piscine. La piscine c'est la conscience d'être, et nous vivons tous avec nos pensées, nos sentiments, nos croyances, nos opinions et nos images mentales. Certains de ces états d'esprit sont *aveugles, boiteux, paralysés et infirmes.* De plus, l'homme est plein de rêves, d'espoirs et d'aspirations qui n'ont jamais vu la lumière du jour. Des milliers d'êtres sont frustrés, malheureux et malades parce qu'ils ne sont point parvenus à réaliser leurs rêves, leurs idéals, leurs projets et leurs desseins. Ces espoirs, ces rêves morts sont symbolisés par *les impotents, les aveugles, les boiteux, les paralysés, qui attendent.*

Attendez-vous, vous aussi, quelque chose ? N'attendez pas que Dieu agisse. C'est à vous de commencer, et lorsque vous vous mettez à l'œuvre, l'Omnipotence agit pour vous. Dieu vous a déjà tout donné. Il s'est donné à vous Lui-même par conséquent tous Ses pouvoirs, toutes Ses qualités et tous

Ses attributs sont en vous, attendant que vous vous en serviez pour croître.

Elargissez votre esprit, épanouissez-vous et multipliez votre bien à l'infini. C'est à vous de prendre l'initiative. La Présence-Dieu qui est en vous gouverne tous vos organes vitaux, règle les battements de votre cœur, votre circulation. La terre, les étoiles, le soleil et la lune et tout l'univers qui vous entoure sont à votre disposition, mais si vous voulez dépasser le concept actuel que vous avez de vous-même, il faut que vous fassiez les pas nécessaires.

Commencez tout de suite à penser constructivement et guérissez ainsi en vous-même des états de conscience *aveugles, sourds et paralysés.*

Dans le drame de la guérison la prière s'appelle un *festin.* Lorsque vous méditez sur votre bien, vous *festoyez,* c'est-à-dire que vous vous unissez consciemment à lui ; vous en faites alors une partie vivante de vous-même tout comme le morceau de pain que vous mangez se transforme en chair et en os.

La piscine a cinq portiques qui représentent nos cinq sens. Or nos sens, en général, n'acceptent pas, nient ce pour quoi nous prions ; de plus, ils nous imprègnent de toutes sortes de rumeurs, de fausses croyances et de limitations.

Mais il vous est loisible de mettre en application l'enseignement de ce drame. Vous êtes *Jésus* lorsque vous reconnaissez la Puissance Spirituelle entière comme étant Omnipotente, et vous entrez à Jérusalem (la Cité de la paix) lorsque vous tranquillisez votre esprit et le concentrez sur le Vivant Esprit Tout-Puissant qui demeure en vous. Vous vous êtes ainsi ramené à votre centre divin où vous vous plongez silencieusement en Dieu. C'est là que vous entrez dans la paix profonde, la Paix de Dieu. Vous avez troqué l'état d'esprit de souci et de crainte contre celui de la foi, de la confiance et de la paix intérieure. Voilà pourquoi la Bible (1) parle d'*un marché de brebis auprès de la piscine*. Nous sommes tous, à chaque instant de notre vie, sur la place du marché. Nous échangeons constamment, nous troquons sans cesse des idées. Il faut que nous abandonnions la peur pour acquérir la foi en Dieu et en Ses Lois ; que nous échangions la mauvaise volonté contre le radieux bon vouloir. Abandonnez *les états*

(1) La Bible du Roi James dit : Il y a à Jérusalem près du marché aux brebis une piscine, etc.. N. T.

de conscience aveugles de vos croyances et achetez l'idée que tout problème a sa solution. Contemplez la Vérité : Dieu connaît la réponse à votre problème, et par conséquent vous la savez.

L'ange agite l'eau de la piscine. L'ange c'est votre désir, votre vœu. Un des étudiants qui assistait au cours sur « Les Miracles de Guérisons », sur lequel ce livre est basé, me parla d'une injustice dont il avait été victime. Il était plein d'amertune. Il désirait une réparation divine mais ne savait comment la provoquer, et il était profondément troublé. Cet homme apprit à résoudre son conflit. *Quiconque entrait le premier était guéri.* Notre ami comprit que personne ne pouvait le devancer ; il était toujours dans la Sainte Omniprésence et la Vérité se fit pour lui : en fait personne ne pouvait le dépouiller ou le frustrer. Lorsqu'il prit conscience de son union avec Dieu et du fait que rien ne peut se perdre il s'unit à l'Infini. Il se mit à prier pour que, par l'action de Dieu, ses rapports avec celui qui l'avait frustré se transforment et entrent dans l'ordre, l'harmonie, la bonté et l'amour. Il se mit à voir comme Dieu voit, et Dieu voit en toutes choses la Perfection Infinie.

Autrement dit, ce jeune homme cessa de contempler le chaos et la confusion extérieurs pour entrer en lui-même et pour proclamer l'harmonie intérieure et la solution divine de son problème. L'image extérieure, confuse, troublée, se transforma en Ordre divin et la paix s'établit entre les deux hommes. Une solution remarquable intervint. Confiez-vous à la Sagesse-Dieu qui sait tout et qui connaît la route qu'il faut prendre. « Il est une divinité qui façonne nos fins, si grossières que soient nos ébauches ». (1).

Dans un des cours sur le *Livre de Job,* que je viens de terminer, je dis à mes élèves que s'ils avaient un problème et qu'ils n'en voient pas la solution, je leur recommandais de se recueillir le soir même pour reconnaître tranquillement la Présence de Dieu en eux-mêmes, dans la situation qui les préoccupait et dans tous ceux qui y avaient part. Après quelques minutes de contemplation silencieuse sur cette Vérité, ils devaient remettre entièrement l'affaire à leur moi subjectif, sachant que toujours il ordonne convenablement toutes choses. Cette façon de procéder enflamme le cœur et

(1) William Shakespeare. N. T.

il convient de s'endormir tandis que ce feu brûle (1). Beaucoup de mes étudiants reçurent de remarquables réponses dès leur réveil le lendemain matin.

En Vérité nul ne peut *entrer avant vous.* Nul ne peut vous empêcher d'atteindre votre but, votre objectif. La seule puissance dont vous ayez conscience est votre propre pensée. Lorsque vous pensez l'Omnipotence agit ; et un avec Dieu est une majorité. Votre propre pensée provoque l'action de l'Omnipotence de Dieu. Il n'y a rien qui puisse s'opposer, défier ou faire échouer l'action du Un Infini. Il ne peut y avoir deux omnipotences ; s'il en était ainsi l'une annulerait et neutraliserait l'autre et il n'y aurait d'ordre nulle part. Il ne peut y avoir deux infinis, c'est impensable et mathématiquement impossible.

L'Infini, nous dit Troward, se meut dans l'unité, l'intégrité et l'harmonie. De même

(1) Un jeune étudiant d'Unité Universelle — il avait neuf ans à l'époque et il est devenu un excellent métaphysicien — disait à sa mère : « Je ne m'endors que lorsque je sens la chaleur de Dieu ». Il effectue au moment où nous traduisons cet ouvrage, son service militaire en qualité de Fusillier marin en Algérie et il écrit à ses parents : « La Lumière de Dieu me donne la tranquillité intérieure ». N.T.

votre esprit doit se mouvoir en unité avec votre idéal. Si vous reconnaissez une autre puissance, votre esprit est divisé ; vous êtes semblable à un soldat qui marque le pas, vous n'arrivez nulle part et vous atteignez une impasse. Deux idées, deux pensées se disputent votre attention ; il faut que vous soyez l'arbitre qui parvient à une décision en prenant conscience de ce qu'il n'y a qu'Une Puissance et que, cela étant, vous êtes exempt de toute crainte. Le désir libéré de toute crainte c'est la réalisation.

Rappelez-vous que les suggestions d'autrui, l'entendement collectif et ses craintes n'ont point de puissance sur vous. Les conditions extérieures et les suggestions des autres ne sont point causales. Votre pensée est capable de les maîtriser. Si vous dites d'un autre qu'il vous a fait du mal ou qu'il vous a mis en colère, cela signifie que vous vous êtes permis de penser négativement. C'est donc votre faute et non celle de l'autre personne. Et celle-ci n'est certes pas responsable de la façon dont vous pensez à elle, pas plus que de la manière dont vous pensez en général. Lorsque vous pensez à Dieu vous ne faites qu'un avec l'Omnipotence. La Source c'est l'Amour et l'Amour ne connaît point la peur.

Pendant que j'y vais, un autre y descend avant moi. Avez-vous jamais dit cela ? Peut-être que non, mais vous avez bien entendu dire « c'est la faute de Jean », « Si ce n'avait été Marie ou Jean, j'aurais eu cet avancement ». Si vous dites quoi que ce soit de semblable votre allégeance est divisée, vous êtes déloyal envers l'Unique Présence qui n'en connaît pas d'autre. *Je suis Dieu et il n'y a point d'autre Dieu que moi.*

Je suis certain que vous êtes conscient que nul ne peut dire JE SUIS à votre place. Cette première personne du temps présent annonce la Présence de Dieu qui vous habite et qui est à la fois Cause et Créateur. Remarquez que lorsque vous parlez à votre sœur ou à votre fils vous dites : « Vous êtes », (ou « Tu es », l'Anglais, comme chacun sait ne tutoie que le Créateur. N.T.) et lorsque vous parlez à la troisième personne vous dites : « Ils sont ».

Une des étudiantes du cours sur l'Evangile selon *Jean* se dit : « Je possède le pouvoir de dire « JE SUIS ». Nul ne peut le dire à ma place. Je prends conscience et je crois que JE SUIS ce que je veux être. Je vis, j'ai le mouvement et l'être dans cette atmosphère mentale et nul ni rien ne peut me devancer ou m'empêcher d'être ce que j'aspire à être, car *il me sera fait selon ma foi* ». Cette dame obtint ainsi une remarquable réalisation.

L'homme impotent est celui qui ne sait point ce qu'est la puissance et qui croit qu'elle est en dehors de lui. Les *trente-huit ans,* en symbologie numérique, la science de la Bible, signifient la conviction de la Présence de Dieu et l'avènement de la majorité spirituelle. Le nombre *trente* se rapporte à la Trinité, c'est-à-dire à l'action créatrice de notre propre esprit, le *huit* représente l'octave, c'est-à-dire la faculté qu'a l'homme de s'élever au moyen de la connaissance des lois mentales et spirituelles. La Trinité c'est votre pensée et votre sentiment, et de leur fusion procède la conviction de votre bien, Dieu. Lorsque votre idée est nourrie par le sentiment profond, l'émotion, et que les deux s'unissent, vous êtes en paix et la Paix c'est Dieu. Vous mettez sans cesse la Trinité à l'œuvre. Ouspensky en appelait le troisième élément, l'élément neutre, nous, nous l'appelons Dieu.

L'idée de la santé parfaite peut être ressuscitée par vous tandis que vous proclamez, sentez et croyez que le Principe Curatif transforme instantanément tout votre être selon le Modèle Divin Parfait ; celui de l'harmonie, de la santé et de la paix.

Il y a quelques années, je lus un remarquable article dans la revue *Nautilus* (1). Son auteur était Frederick Elias Andrews, d'Indianapolis. Il disait qu'étant enfant les médecins l'avaient déclaré incurable. Il se mit à prier, et de difforme, d'infirme, se traînant sur ses mains et ses genoux, qu'il était, il devint un homme droit et fort. Ce garçon décida ce qu'il voulait : une guérison parfaite. Il composa ses propres affirmations, absorbant mentalement les qualités dont il avait besoin. Sans cesse il affirmait : « Je suis sain, parfait, fort, puissant, aimant, harmonieux et heureux. » Il persévéra et il disait que cette prière était sur ses lèvres dès le réveil et tandis qu'il s'endormait le soir. Il priait aussi pour les autres, leur envoyant des pensées d'amour et de santé. Cette attitude d'esprit, cette prière lui rendit au centuple le bien qu'il diffusait. Semblable à Job qui priait pour ses amis, il reçut de Dieu le double de ce qu'il possédait auparavant. Sa foi et sa persévérance lui donnèrent de larges dividendes.

(1) Revue américaine de métaphysique qui fut, pendant de longues années très estimée. N. T.

Certes, des pensées négatives se présentaient à son esprit, mais il ne les nourrissait point. Lorsque des pensées de colère, de jalousie, de crainte ou d'anxiété l'assaillaient, il reprenait ses affirmations. La réponse à toute pensée d'effroi c'est d'allumer la lampe de l'amour qui brûle à jamais dans notre cœur.

L'homme du récit biblique était infirme depuis *trente-huit ans.* Nous avons déjà parlé de la Trinité. Le nombre *huit* est ajouté lorsque la guérison s'accomplit. Le chiffre *huit* est composé de deux cercles qui représentent l'action réciproque harmonieuse du conscient et du subconscient, c'est-à-dire de l'idée et du sentiment. Lorsque votre désir et votre nature émotionnelle s'accordent, lorsqu'il n'y a plus entre eux de discorde, la guérison s'accomplit.

Le commandement que prononce Jésus, ou bien votre propre raison illuminée, *Lève-toi, prends ton lit et marche,* c'est la voix de votre autorité, basée sur votre conviction intérieure, qui vous dit que vous êtes guéri. Vous entendez alors le son intérieur de votre foi ; c'est un véritable commandement. Vous avez pris *votre lit* (la Vérité) et vous avancez, libre. Et tout ceci a lieu le jour du *Sabbat.*

Le *Sabbat* est la certitude intérieure, la paix profonde qui fait suite à la prière. C'est un état d'esprit dans lequel vous êtes impassible, tranquille, parce que vous savez qu'aussi sûrement que se lèvera demain le soleil, la résurrection de votre désir va s'accomplir. Lorsque vous aurez atteint le point de la complète acceptation mentale, vous *vous reposez le jour du sabbat,* c'est-à-dire dans la conviction que « Tout est accompli ». *Et il fut guéri le jour du Sabbat.*

CHAPITRE XI

L'IMPOSSIBLE RENDU POSSIBLE

Je me propose, dans le présent chapitre, de souligner les points les plus remarquables de la merveilleuse technique curative employée par Jésus pour ressusciter Lazare telle qu'elle est relatée dans le Onzième Chapitre de l'Evangile selon *Jean*.

Lazare représente un état de mort ; le désir, le projet, l'entreprise ou le but qui est mort-né, qui n'a pas été vivifié, ressuscité dans le champ de votre expérience. Il peut également représenter le désir qui vous anime de posséder la santé et qui ne s'est pas matérialisé.

Jésus au tombeau de Lazare c'est vous, c'est votre conscience de la Puissance qui peut ressusciter votre idéal couvert du *suaire* de la crainte, du doute et de l'anxiété, depuis longtemps, et qui a été réprimé dans la tombe du subconscient.

Jésus dit, Enlevez la pierre. La pierre de la superstition, de la peur, de l'ignorance doit être ôtée. *Marthe,* qui représente le point de vue du monde extérieur vous dit : « *Il sent déjà, car il y a quatre jours qu'il est mort* ». *Quatre* représente l'état achevé, la terminaison, la manifestation. Selon les témoignages des sens la situation peut paraître sans espoir, ou bien l'état incurable. Quelles que soient les circonstances extérieures, même si le monde entier vous refusait ce pour quoi vous priez, *si tu veux croire, tu verras la gloire de Dieu.*

En d'autres termes, si vous vous détournez du témoignage des sens pour entrer en vous-même afin de contempler la réalité de ce pour quoi vous priez et pour chanter le chant du triomphe, vous verrez la gloire de Dieu — vous verrez se matérialiser la réponse à votre prière. *Croire* c'est vivre dans l'état d'être ou d'avoir ce pour quoi vous priez. Votre pensée est votre croyance, et ce que vous pensez, vous le devenez. Vivez donc avec la pensée et dans la réalité de la prière exaucée ; il s'ensuivra un changement atomique et moléculaire dans le corps malade, conformément au nouveau prototype mental.

La pierre est levée lorsque vous refusez positivement de donner pouvoir à la maladie, à la peur, *La pierre est retirée* quand vous donnez tout pouvoir à Dieu, lorsque vous n'êtes plus alourdi par les fardeaux du monde. Votre nouvelle attitude mentale est l'*ange qui enlève la pierre* de la crainte et des fausses croyances.

A présent vous êtes *Jésus, levant les yeux et disant, Je te remercie Père, de ce que tu m'as entendu. Et je savais que tu m'entends toujours. Il s'écria d'une voix forte, Lazare, sors. Jean XI : 41-43.* Ces derniers versets sont une magnifique formule de prière. L'attitude de la reconnaissance engendre des miracles.

Il y a bien des années, un de mes amis, atteint de tuberculose, s'inspira de ces merveilleuses paroles de la Bible : *Je te remercie, Père, de ce que tu m'as entendu, et je savais que tu m'entends toujours.* Voici comment il raisonna : Son père selon la chair lui donnait toujours ce qu'il lui promettait. A un certain moment il lui avait promis un voyage en France, (mon ami habitait l'Irlande). Le voyage devait avoir lieu au mois d'août, la promesse en avait été donnée en mai. Mon ami se rappela sa joie, son enthousiasme ; il avait été tout vibrant d'allégresse dans l'attente de ce voyage. Et cela bien qu'il n'ait pas encore eu lieu. Il n'en avait que la promesse ; il savait que cela était certain parce que son père ne le décevait jamais.

Alors il se dit : « Pourquoi ne serais-je pas plein de gratitude et d'actions de grâces envers mon Père Céleste pour la promesse de la santé parfaite, car « je sais qu'il m'entend toujours », « *Je te guérirai. je panserai tes plaies, dit l'Eternel* ».

Deux ou trois fois par jour il détendait son esprit et s'imaginait qu'il parlait à l'Invisible Présence Curative intérieure, il lui murmurait « Merci », d'innombrables fois. Il continua jusqu'à ce que son esprit fut saturé de sentiments de gratitude. Au bout de trois semaines l'examen des crachats ainsi que tous les autres furent complètement négatifs. La magie de Dieu opérant en lui, l'avait magnétisé tandis qu'il contemplait l'harmonie et la perfection de Dieu, sachant qu'il allait en faire l'expérience personnelle, puisque cette harmonie et cette perfection lui avaient déjà été données par Dieu. Et tandis qu'il contemplait en lui-même la Paix, l'Ordre et la Puissance Curative de

Dieu, une transformation complète se traduisit dans les atomes de son corps. Il devint semblable à un morceau d'acier magnétisé qui s'attire l'acier ou d'autres métaux et non le nickel. Pendant qu'il était malade, il était démagnétisé, ses atomes avaient cessé de vibrer dans l'harmonie, la santé et la paix. Son sentiment de gratitude et de foi confiante en l'Unique Puissance Curative lui attira, tel un aimant, la conviction qui le rendit sain, vivifié, harmonieux et intègre.

Faites comme mon ami, abandonnez la fausse croyance selon laquelle d'autres pouvoirs peuvent vous rendre malade sans votre consentement. Contemplez-vous tel que vous voulez être : heureux, plein de santé, radieux et fort. Identifiez-vous à ces qualités et n'acceptez rien d'autre. Rejetez complètement toute crainte, toute appréhension au sujet d'autres prétendues causes ou puissances. Repoussez catégoriquement et dynamiquement toute fausse croyance. Et tournez-vous en toute confiance vers la Puissance Suprême qui vous habite, et qui agit sous la forme de vos sentiments, de votre foi, de votre confiance. Ainsi faisant, vous devenez un merveilleux aimant mental et spirituel et, inévitablement, vous vous attirez l'harmonie, la santé, la paix et la joie.

Les trois processus pour *ressusciter Lazare d'entre les morts* sont :

1) Reconnaître que votre conscience d'être est la cause suprême.

2) Accepter l'idée de la santé parfaite et l'entretenir en votre esprit. Croire c'est vivre avec l'idée, c'est-à-dire lui donner vie.

3) La conviction inévitable qui suit les deux premiers pas. Vous êtes maintenant rempli du sentiment d'être ce que vous voulez être.

A présent votre état d'esprit est celui de l'autorité et vous dites intérieurement : *Lazare, sors.*

Ceci est le commandement intérieur de celui qui sait que *Moi et le Père nous sommes un.*

CHAPITRE XII

PRIÈRE POUR LA GUÉRISON

Une guérison personnelle sera toujours le témoignage le plus convaincant de la puissance de la prière. Il y a environ trente cinq ans je me débarrassai d'une tumeur cutanée maligne en me servant d'une prière basée sur le Psaume 139. Je venais d'en entendre une interprétation et je méditai intensément sur sa profondeur.

Car c'est toi qui as formé mes reins,

Qui m'as tissé dans le sein de ma mère.

Je te loue de ce que je suis une créature si merveilleuse.

Tes œuvres sont admirables,

Et mon âme le reconnaît bien.

Ma substance n'était point cachée devant toi,

Lorsque j'ai été fait dans un lieu secret,

Tissé mystérieusement dans les profondeurs de la terre.

Quand je n'étais qu'une masse informe, tes yeux me voyaient ;

Et sur ton livre tous mes membres étaient inscrits,

Avant qu'aucun d'eux existât.

Ce Psaume magnifique, inspiré, enseigne que le corps et ses organes sont d'abord formés par une idée avant de se matérialiser, tout aussi sûrement que nous pouvons comprendre qu'un horloger a d'abord l'idée d'une montre avant que cette montre ne devienne une réalité objective. L'Intelligence Créatrice crée et façonne le corps tout entier. Et cette Intelligence qui crée le corps doit savoir comment le guérir ; de plus le Psaume dit : *dans ton livre tous mes membres sont inscrits.* Le *livre* c'est le Principe de Vie où sont inscrits les archétypes de tous les organes.

Me servant de ce Psaume comme base de ma prière, je priais très simplement comme suit :

« Mon corps fut créé en secret par Dieu. Sa Sagesse en façonne tous les organes, les tissus, les muscles et les os. Sa Puissance

Curative sature mon esprit et mon corps, me rendant sain et parfait. Je te rends grâces, Père. Merveilleuses sont tes œuvres ».

Je priais ainsi à haute voix pendant cinq minutes environ deux ou trois fois par jour, répétant cette prière simple. Quelques trois mois après, ma peau était saine et parfaite.

Merveilleuses sont tes œuvres, et mon âme le sait bien.

TABLE DES MATIÈRES

AVANT-PROPOS 7

PRÉFACE 9

CHAP. I : La Guérison des désordres mentaux 13

— II : Comment votre Esprit guérit les malades 29

— III : Le traitement à distance et la guérison de la démence 51

— IV : Votre Présence curative 83

— V : Les incurables guéris .. 95

— VI : La Puissance curative de l'action de grâce 107

— VII : La vue restaurée 125

— VIII : L'ouïe restaurée 137

— IX : La prière efface tout karma 149

— X : Avancez avec la Puissance de Dieu 163

— XI : L'impossible rendu possible 177

— XII : Prière pour la guérison 183

EXPOSÉ DE L'ÊTRE

JE SUIS CE QUE JE SUIS, dit l'Éternel. (1)
Dieu est : JE SUIS.
Je suis : CE QUE JE SUIS.
Car « Moi et le Père nous sommes UN ».
Et « Tout ce qu'a le Père est aussi à moi ».
JE SUIS donc Dieu incarné.
JE SUIS — Christ en moi — la Substance même de Dieu.
JE SUIS individuellement ce que Dieu est universellement.
(Je sais que je n'existe qu'en Dieu
Que je ne puis de moi-même rien faire.)
JE SUIS le Christ de Dieu, Dieu rendu visible.
Je ne vois rien que Dieu en toutes Ses créatures,
Car je sais que tous sont UN.
J'accepte ma Divinité.
JE SUIS la Puissante Présence de la Paix.
La Lumière qui éclaire tout homme venant au monde.
Je SUIS le Sel de la terre.
JE SUIS la Pureté de Dieu.
JE SUIS l'Éternelle Jeunesse.
JE SUIS la Santé Parfaite.
JE SUIS la Joie Cosmique.
JE SUIS l'Abondance Illimitée.
JE SUIS l'Amour Infini.
JE SUIS la Résurrection et la Vie.
JE SUIS la Puissance Infaillible et Invincible de Dieu.
JE SUIS le UN Resplendissant.
Gloire à Dieu.

Mary Sterling, D.S.D.

(1) Exode III : 14.

Du même auteur :

LA DYNAMIQUE DU BONHEUR

Le succès, l'harmonie et l'épanouissement par la pensée positive.

Format 15 x 21 ; 208 pages ; 17e mille ;
collection « La Science de l'Être »

La pensée est matière vivante et créatrice. Une attitude mentale positive, une conviction intime et vraie se concrétisent toujours. Tout ce que nous imprimons avec force dans notre subconscient trouve son expression dans la réalité concrète. Ce que vous désirez existe déjà potentiellement en vous, sous forme d'idées, de pensées et de principes. Sachez comment imprégner votre subconscient de vos convictions qui, si elles sont fermes et inébranlables, se réaliseront.
Les vraies et seules causes de l'insuccès sont la peur, l'incertitude, les croyances superstitieuses, les complexes d'infériorité, la jalousie, la haine, la condamnation de soi, l'hostilité. Les pensées négatives suscitent l'apparition d'émotions et de sentiments négatifs donnant alors naissance à toutes sortes de troubles, maladies, échecs et limitations.

Vous forgez vous-même votre propre destin ; rien n'est prédestiné car tout naît dans votre subconscient et votre attitude mentale est souveraine : c'est elle qui détermine votre expérience et conditionne votre devenir. Il s'agit donc de tirer de vos profondeurs subjectives l'inspiration, l'illumination, l'intuition, la force et la sagesse. Changez le cours de vos pensées et toute votre vie en sera transformée dans le même sens.

En apprenant les lois de l'esprit et comment utiliser les forces qui sommeillent en vous — ainsi que ce guide pratique vous l'enseigne — **vous ne serez plus une victime mais un vainqueur.** Les sages disaient : « L'homme devient ce qu'il imagine et sent ».

Du même auteur :

L'IMPOSSIBLE EST POSSIBLE !

la maîtrise de votre puissance créatrice

Format 15 x 21 ; 208 pages ; couverture argentée
37e mille - Collection « La Science de l'Être »

Votre esprit est tel un jardin dans lequel vous semez des pensées, impressions, connaissances et croyances. Tout ce que vous gravez dans votre subconscient se manifeste dans la réalité concrète ; c'est une LOI UNIVERSELLE. L'homme s'en prend constamment aux conditions, événements et circonstances, plutôt que de regarder en lui-même et de comprendre ainsi qu'il **DEVIENT** (ou qu'il lui arrive) **CE QU'IL PENSE** tout au long du jour. Votre santé, votre bonheur et votre prospérité dépendent, non point des événements extérieurs ni des actes des autres, mais uniquement de la façon dont vous PENSEZ et SENTEZ.
Quand l'homme découvre sa source et son essence véritable, lorsqu'il s'accorde pleinement à l'infini Créateur, en même temps qu'il rejette les fausses croyances, les erreurs et les superstitions, il devient le véritable maître de son univers et de son chemin de vie.
Ce nouveau livre du Dr Murphy vous conduira vers l'**harmonie totale avec l'Univers,** sur la voie d'une véritable renaissance spirituelle, vers la prise de conscience de votre puissance créatrice intérieure, hors des limitations, des angoisses et de l'ignorance, pour faire de vous un être NOUVEAU, EFFICACE et TRIOMPHANT.
VIVEZ DANS L'ACCOMPLISSEMENT DE TOUTES VOS ASPIRATIONS PROFONDES !
« Toutes choses sont prêtes si l'esprit est prêt. » (Shakespeare)

IMPRIMERIE CLERC (S.A.)
Photocompo-Offset
18200 Saint-Amand

Dépôt légal Éditeur n° 900 - Mars 1983 - Imprimeur n° 2716